Brigitte Schanz-Hering

Sing and play – hooray!

Mit über 40 schwungvollen, lustigen Liedern und vielen Spielanregungen die englische Sprache erleben

Illustrationen: Kasia Sander

Ökotopia Verlag, Münster

Impressum

Autorin	Brigitte Schanz-Hering, redaktionelle Mitarbeit Wolfgang Hering
Illustrationen	Kasia Sander
Satz	Hain-Team, Bad Zwischenahn
Herausgeber	BBS – Buchwerk Bernhard Schön, Idstein
ISBN	978-3-86702-143-2

1. Auflage

Zu diesem Buch gibt es die Doppel-CD

Sing and play – hooray!

Die englische Sprache erleben und erlernen mit 42 kunterbunten Spiel- und Bewegungsliedern

ISBN 978-3-86702-144-9

Inhalt

Vorwort

Sing and play“ bringt Bewegung in Schule und Kita, Volkshochschule und Kinderzimmer – und ganz nebenbei wird spielend Englisch gelernt.

41 Lieder, die auf vielfältige Weise zum Mitmachen animieren, sind in dieser Sammlung enthalten – und natürlich jede Menge Tipps und Vorschläge: zur musikalisch-rhythmischen Gestaltung, zum Klatschen und Schnipsen, Tanzen, Kanonsingen und Strophen-Erfinden. Es gibt Fingerspiele, Spiel- und Nonsense-Lieder, Raps und Reihenlieder, bekannte und weniger bekannte Songs, Bewegung und Spieltipps zum Mitmachen inclusive.

Für jeden, der Englisch lernen und vermitteln will, ist etwas dabei: Englisch-Lehrkräfte in Grund- und weiterführenden Schulen, Kindergärten und Vorschulen, Lerngruppen in Volkshochschulen und im privaten Bereich, Musiklehrkräfte auf der Suche nach brauchbaren Liedern, Spielleiterinnen und Übungsleiter in Spiel- und Turngruppen, Eltern und Großeltern und last, but not least: die kleinen und großen Kinder, die mit Freude die englische Sprache erlernen.

Und wer mal keine Lust mehr auf Englisch hat: Es gibt von vielen Liedern eine deutsche Version, die natürlich meistens keine wörtliche Übersetzung ist. Einige Lieder sind englische Übertragungen von Titeln der deutschen Gruppe Trio Kunterbunt, etwa „Seegespenster“ „Muskeln müssen stark sein“ oder „Der verrückte Zoo“

Zum besseren Verständnis werden bei den meisten deutschen Textübertragungen die betonten Silben des Gesangs mit fettgedruckten Buchstaben hervorgehoben. Sobald die Spielanregungen von der englischen Fassung abweichen, gibt es entsprechende Hinweise.

Unter den meisten englischen Liedtexten finden Sie einige schwierige Wörter als Serviceangebot ins Deutsche übersetzt – ohne Anspruch auf Vollständigkeit. Auf jeden Fall werden Sie damit den einen oder anderen Griff zum Wörterbuch vermeiden.

Kursiv gedruckt sind alle englischen Wörter im deutschen Text bei den Spieltipps und Spielanregungen.

Alle Lieder gibt es auf einer Begleit-CD, gesungen von den “native speakers” Kate Nelsen und Robert Metcalf, so dass auch musikalische Laien mit den Liedern arbeiten können. Ggf. können geübte Kinder einzelne Lieder eine Oktave höher mitsingen. Oder Sie transponieren tiefer eingesungene Stücke in eine höhere Tonlage, um den Kinderstimmen gerecht zu werden. Wer die Stücke mit der Gitarre begleitet, kann stellenweise einen Kapodaster verwenden.

Wir wünschen allen beim Singen und Spielen viel Spaß und ein gutes Gelingen!

1. You gotta sing – Einsteigen und loslegen

You gotta sing

Nr.1-1

Words: traditional with additional verses by Brigitte Schanz-Hering – music: traditional
(Originaltonart: B-Moll)

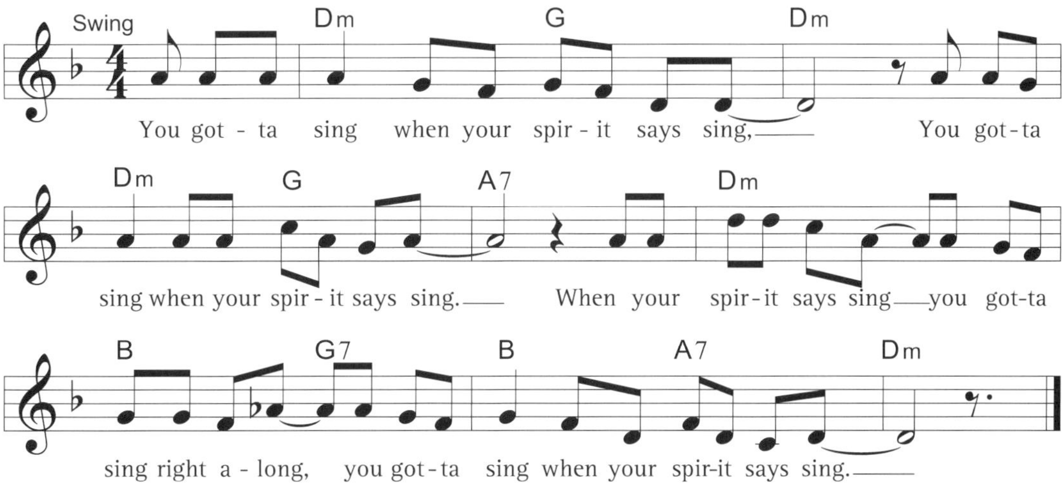

1. You gotta sing when your
   spirit says sing,
   You gotta sing when your
   spirit says sing,
   When your spirit says sing,
   you gotta sing right along,
   You gotta sing when your
   spirit says sing.

2. You gotta stamp when your
   spirit says stamp,
   You gotta stamp when your
   spirit says stamp,
   When your spirit says stamp, you
   gotta stamp like a champ,
   You gotta stamp when your
   spirit says stamp.

3. You gotta wiggle when your
   spirit says wiggle,
   You gotta wiggle when your
   spirit says wiggle,
   When your spirit says wiggle,
   you gotta wiggle like a worm,
   You gotta wiggle when your
   spirit says wiggle.

4. You gotta dance when your
   spirit says dance,
   You gotta dance when your
   spirit says dance,
   When your spirit says dance,
   you gotta dance right along,
   You gotta dance when your spirit
   says dance. Let's dance!

5. You gotta hop when your spirit says hop,
You gotta hop when your spirit says hop,
When your spirit says hop,
you gotta hop to the top,
You gotta hop when your spirit says hop.

6. You gotta sing when your
spirit says sing,
You gotta sing when your
spirit says sing,
When your spirit says sing,
you gotta sing right along,
You gotta sing when your
spirit says sing.

You gotta stop when your spirit says stop.

Wortschatz
gotta: in USA umgangssprachliche Wendung für *to got to do something*: etwas tun müssen
spirit: hier: Stimmung, Gemütsverfasung
wiggle: wackeln

Spieltipps

Die in den Strophen genannten Bewegungen werden ausgeführt. Wenn Sie die Begleit-CD nutzen, beachten Sie das Zwischenspiel zwischen 4. und 5. Strophe.

Sie können mit den Kindern neue Strophen texten, indem Sie die ursprünglichen Bewegungen durch andere ersetzen, z.B.: *"jump, clap, wobble, shake, shiver."* Die dritte Zeile kann dabei auf *"right along"* enden, oder Sie finden Beispiele wie *"wobble like a jelly"* oder *"shake like a snake"*.

Statt Bewegungen können die Kinder in eigenen Strophen auch Geräusche benennen, z.B.:

You gotta shout when your spirit says shout,
You gotta shout when your spirit says shout,
When your spirit says shout, you gotta shout right out loud,
You gotta shout when your spirit says shout.

Weitere Möglichkeiten sind *"yawn, clap, whistle, sneeze, cough"*. Dabei kann die dritte Zeile auf *"right out loud"* enden; aber auch *"right along"* ist möglich. Sie können aber auch – wie oben – vergleichen, z.B. *"whistle like a train"*.

Die Geräusche werden in der Pause nach Zeile 1, 2 und jeweils nach der Strophe gemacht.

Wie wäre es mit einem Lied nur mit Tiergeräuschen:

You gotta moo when your spirit says moo, (moo-moo)
You gotta moo when your spirit says moo, (moo-moo)
When your spirit says moo, you gotta moo like a cow,
You gotta moo when your spirit says moo. (moo-moo)

You gotta bark when your spirit says bark, (woof-woof)
You gotta bark when your spirit says bark, (woof-woof)
When your spirit says bark, you gotta bark like a dog,
You gotta bark when your spirit says bark. (woof-woof)

Weitere Möglichkeiten: *hiss like a snake – sss-sss; baa like a sheep – baa-baa; miaow like a cat – miaow-miaow; sing like a bird – cheep-cheep; quack like a duck – quack-quack; bray like a donkey – hee-haw.*

If you're happy

Nr. 1-2

Words and music: traditional

1. If you're happy and you know it,
   clap your hands.
   If you're happy and you know it,
   clap your hands.
   If you're happy and you know it
   And you really want to show it,
   If you're happy and you know it,
   clap your hands.

2. If you're happy and you know it,
   snap your fingers.
   If you're happy and you know it,
   snap your fingers.
   If you're happy and you know it
   And you really want to show it,
   If you're happy and you know it,
   snap your fingers.

3. If you're happy and you know it,
   stomp your feet.
   If you're happy and you know it,
   stomp your feet.
   If you're happy and you know it
   And you really want to show it,
   If you're happy and you know it,
   stomp your feet.

4. If you're happy and you know it,
   shout "Hurray!".
   If you're happy and you know it,
   shout "Hurray!".
   If you're happy and you know it
   And you really want to show it,
   If you're happy and you know it,
   shout "Hurray!".

5. If you're happy and you know it, do it all.
If you're happy and you know it, do it all.
If you're happy and you know it
And you really want to show it,
If you're happy and you know it, do it all.

Wortschatz

to stomp one's feet: hauptsächlich im amerikanischen Englisch: mit den Füßen aufstampfen, im britischen Englisch heißt es eher *to stamp one's feet.*

Spieltipps

In der ersten bis vierten Strophe wird auf den mit einem „x" gekennzeichneten Noten die entsprechende Bewegung ausgeführt, d.h. jeweils zweimal klatschen, mit den Fingern schnipsen, den Füßen stampfen und „Hurray" rufen. In der fünften Strophe alle Bewegungen aneinandergehängen.

Variante

"*Clap your hands" wird* durch andere Tätigkeiten ersetzt, z.B. *slap your knees, turn around, slap your sides, nod your head, sniff your nose, tap your toe, say "We are".*

Deutsche Textübertragung

In unserer Übertragung geht es vor allem um verschiedene Gefühle. Alle Kinder versuchen, die jeweilige Emotion (Traurigsein, Schüchternheit, Angst, Verliebtsein) etc. darzustellen. Denken Sie sich weitere Gefühlsstrophen aus. Die deutsche Fassung finden Sie auf der CD „Wolfgang Hering / Bernd Meyerholz: Komm, wir spielen" (Fidula-Verlag).

Bist du heute einmal froh

Text: Wolfgang Hering / Bernd Meyerholz © Fidula-Verlag Boppard / Rhein

1. Bist du heute einmal froh, mach es so:
Bist du heute einmal froh, mach es so:
Ja, du brauchst dich nicht zu scheun,
kannst dich ärgern, kannst dich freun.
Bist du heute einmal froh, mach es so:

2. Bist du heute einmal traurig,
mach es so: ...

3. Bist du heute einmal schüchtern,
mach es so: ...

4. Ist dir heute einmal kalt, mach es so: ...

5. Bist du heute einmal ängstlich,
mach es so: ...

6. Bist du heute mal verliebt, mach es so: ...

7. Bist du heute einmal müde, mach es so: ...

Where is Thumbkin?

Nr. 1-3

Words and music: traditional

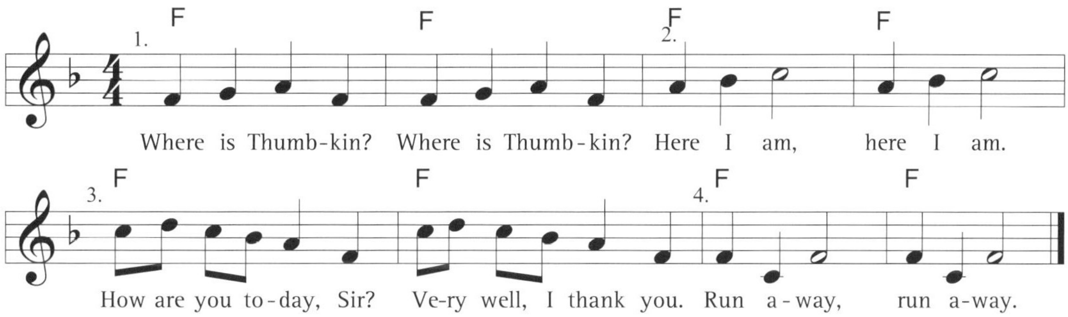

1. Where is Thumbkin?
   Where is Thumbkin?
   Here I am, here I am.
   How are you today, Sir?
   Very well, I thank you.
   Run away, run away.

2. Where is Pointer? Where is Pointer?
   Here I am, here I am.
   How are you today, Sir?
   Very well, I thank you.
   Run away, run away.

3. Where is Tall Man? ...

4. Where is Ring Man? ...

5. Where is Baby? ...

6. Where are all the men?
   Where are all the men?
   Here we are, here we are.
   How are you today, Sirs?
   Very well, we thank you.
   Run away, run away.

Wortschatz

Die Wörter *Thumbkin, Pointer* etc. sind Kindersprache, die korrekten Bezeichnungen lauten *thumb, forefinger* (oder: *index finger*), *middle finger, ring finger* und *little finger.*

Spieltipps

Wenn Sie mit der Begleit-CD arbeiten, beachten Sie das Zwischenspiel zwischen 5. und 6. Strophe.

Fingerspiel:
Where is Thumbkin? Where is Thumbkin?
Die Hände hinter dem Rücken versteckt halten
Here I am,
Den rechten Daumen zeigen
Here I am.
Den linken Daumen zeigen
How are you today, Sir?
Rechter Daumen „verbeugt“ sich vor linkem Daumen
Very well, I thank you.
Linker Daumen „verbeugt“ sich vor rechtem Daumen
Run away, run away.
Die Finger verschwinden wieder hinter dem Rücken

Das Lied kann als zwei- oder vierstimmiger Kanon gesungen werden. Beim zweistimmigen Kanon erfolgt der Einsatz bei 1. und 3., beim vierstimmigen Kanon bei 1., 2., 3. und 4. Die oben beschriebenen Bewegungen können die Kinder auch beim Kanon machen.

Fortgeschrittene

Mit singerfahrenen Kindern können Sie folgendes Namensspiel ausprobieren: Alle sitzen im Kreis. Ein Kind (Anna) beginnt zu singen und ruft ein anderes Kind (Max).
Anna: Where is Max? Where is Max?
Max: Here I am, here I am.
Singt diese Zeile alleine und kommt dabei in die Kreismitte
Alle: How are you today, Sir?
Max: Very well, I thank you.
verbeugt sich
Alle: Run away, run away.
Max rennt auf seinen Platz zurück und ruft das nächste Kind in die Kreismitte
Max: Where is Jennifer? Where is Jennifer?
Jennifer kommt in die Kreismitte), usw.
(Bei Mädchennamen heißt es: *How are you today, Madam?*)

Sie können mit dem Lied auch üben, wie man sich vorstellt, begrüßt, nach dem Befinden fragt und darauf antwortet. *Good morning; hello; hi; good afternoon, good evening; how are you, I'm fine, thanks; I'm very well; I'm not too bad; I'm ok*, usw.

Der Originaltext dieses Liedes, das in vielen Sprachen als Kanon gesungen wird:

Are you sleeping, are you sleeping,
Brother John, Brother John?
Morning bells are ringng,
morning bells are ringing.
Ding, ding, dong,
Ding, ding, dong.

Deutsche Textübertragung

Wo ist der Daumen?

Überliefert

Wo ist denn der Daumen,
wo ist denn der Daumen?
Wo ist er?
Hier ist er.
Guten Tag, wie geht's dir?
Guten Tag, wie geht's dir?
Danke, mir geht's gut.
Danke, mir geht's gut.

Wo ist der Zeigefinger (Mittelfinger, Ringfinger, kleine Finger) ...

Reach for the sky

Nr. 1-4

Words: tradtional / Brigitte Schanz-Hering / W. E. Hering – music: tradtional

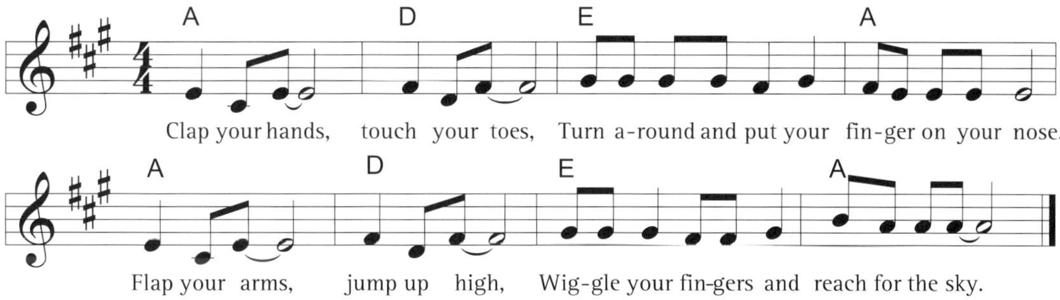

1. Clap your hands, touch your toes,
   Turn around and put your
      finger on your nose.
   Flap your arms, jump up high,
   Wiggle your fingers and
      reach for the sky.

2. Stamp your feet, touch your belly,
   Stick it out and wobble like jelly.
   Snap your fingers, jump up high,
   Wiggle your fingers and
      reach for the sky.

3. Right foot in, right foot out,
   Shake your body and turn around.
   Bend your knees, jump up high,
   Wiggle your fingers and
      reach for the sky.

Wortschatz
to flap one's arms: mit den Armen wedeln, flattern
to wiggle one's fingers: mit den Fingern wackeln
belly: Bauch
to wobble: wabbeln, wackeln, schwanken
to snap one's fingers: mit den Fingern schnippen

Spieltipps

Alle Kinder stehen im Kreis und führen die Anweisungen des Liedes aus. Oder sie gehen im Kreis hintereinander her und bewegen sich entsprechend. Beim Zwischenspiel im Instrumentalteil bleiben alle stehen.

Hickory, dickory dock

Nr. 1-5

Words and music: traditional

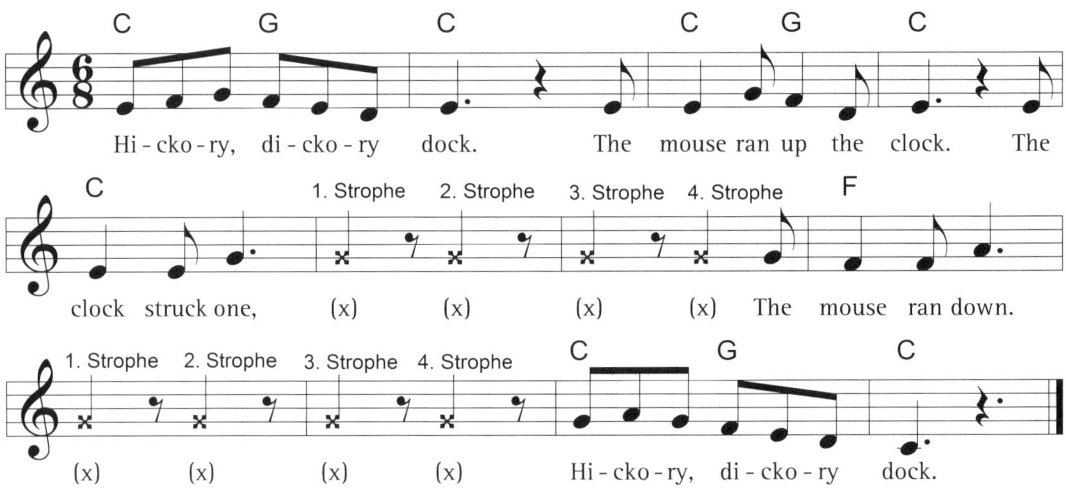

1. Hickory, dickory dock.
   The mouse ran up the clock.
   The clock struck one, (x)
   The mouse ran down.
   Hickory, dickory dock.

2. Hickory, dickory dock.
   The mouse ran up the clock.
   The clock struck two, (x x)
   The mouse said, "Boo!"
   Hickory, dickory dock.

3. Hickory, dickory dock.
   The mouse ran up the clock.
   The clock struck three, (x x x)
   The mouse said, "Whee!"
   Hickory, dickory dock.

4. Hickory, dickory dock.
   The mouse ran up the clock.
   The clock struck four, (x x x x)
   The mouse said, "No more!"
   Hickory, dickory dock.

Wortschatz

to strike, struck, struck: schlagen

Spieltipps

Der Liedtext wird mit folgenden Bewegungen dargestellt:

Hickory, dickory dock.

Den Kopf im Rhythmus hin und her wiegen

The mouse ran up the clock.

Handgelenke über Kreuz; mit den Fingern der rechten Hand am linken Arm und mit den Fingern der linken Hand am rechten Arm „hochkrabbeln"

The clock struck one, (x)

Arme hochhalten und nach "one" auf x einmal über dem Kopf in die Hände klatschen

The mouse ran down.

Mit Armen über Kreuz wieder herunterkrabbeln

Hickory, dickory dock.

Den Kopf im Rhythmus hin und her wiegen

In der zweiten Strophe wird auf x x zweimal geklatscht. Bei *The mouse said, "Boo!"* werden die Arme verschränkt. In der dritten und vierten Strophe entsprechend drei- und viermal klatschen. In der dritten Strophe bei *The mouse said "Whee!"* die Arme verschränken und in der vierten Strophe bei *The mouse said, "No more!"* den Kopf schütteln.

Variante

Lustig ist ein Uhren-Geräusche-Orchester, das das Lied rhythmisch begleitet. Dabei gibt es drei Gruppen. Eine singt das Lied, die zweite begleitet mit einem rhythmischen *„tick-tock-tock, tick-tock-tock"*, eine dritte Gruppe mit einem langsamen *tick-tock*.

One finger, one thumb

Nr. 1-6

Words and music: traditional

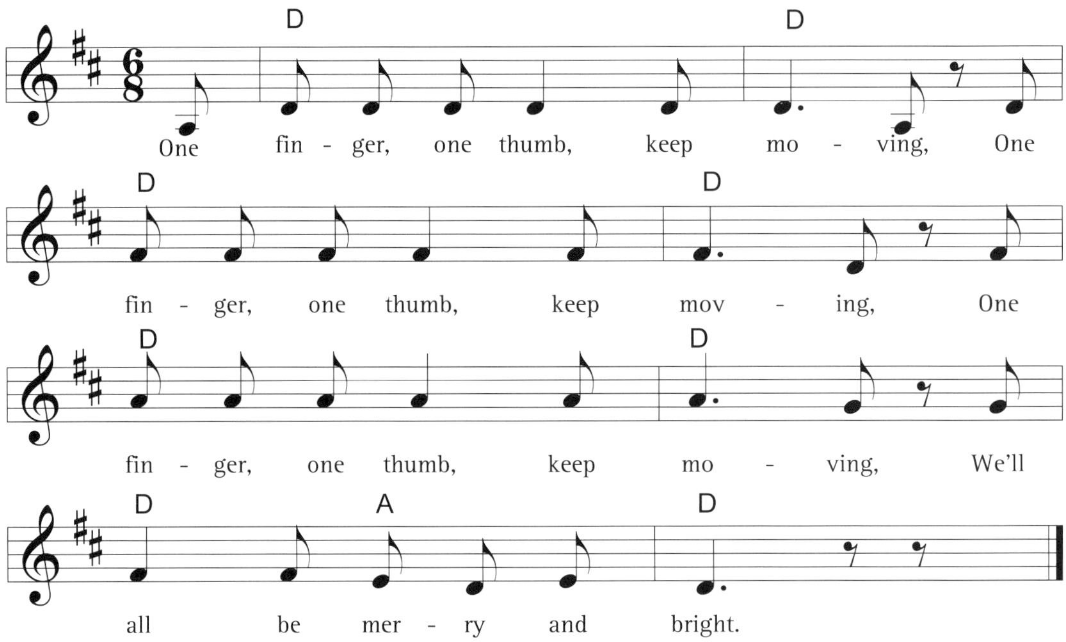

1. One finger, one thumb, keep moving,
   One finger, one thumb, keep moving,
   One finger, one thumb, keep moving,
   We'll all be merry and bright.

2. One finger, one thumb, one arm,
   keep moving.
   One finger, one thumb, one arm,
   keep moving,
   One finger, one thumb, one arm,
   keep moving,
   We'll all be merry and bright.

3. One finger, one thumb, one arm,
   one leg, keep moving ...

4. One finger, one thumb, one arm, one leg,
   one nod of the head, keep moving ...

5. One finger, one thumb, one arm, one leg,
   one nod of the head, stand up,
   sit down, keep moving ...

Wortschatz
merry: fröhlich
nod: nicken

Spieltipps

Die Kinder sitzen und beginnen mit dem Lied. In jeder neuen Strophe wird eine weitere Bewegung angehängt.
Zusätzlich kann das Tempo gesteigert werden bis zur letzten Strophe.

Deutsche Textübertragung

Die deutsche Fassung finden Sie auf der CD „Wolfgang Hering/Bernd Meyerholz: Riesengroße Zwerge“ (Universal).

Ein Finger, ein Daumen

Text: Robert Metcalf

1. Ein Finger, ein Daumen, beweg dich.
Ein Finger, ein Daumen, beweg dich.
Ein Finger, ein Daumen, beweg dich.
Der Tag geht schneller vorbei.

2. Ein Finger, ein Daumen,
ein Arm, beweg dich.
Ein Finger, ein Daumen,
ein Arm, beweg dich.
Ein Finger, ein Daumen,
ein Arm, beweg dich.
Der Tag geht schneller vorbei.

3. Ein Finger, ein Daumen,
ein Arm, ein Bein, beweg dich.
Ein Finger, ein Daumen,
ein Arm, ein Bein, beweg dich.
Ein Finger, ein Daumen,
ein Arm, ein Bein, beweg dich.
Der Tag geht schneller vorbei.

4. Ein Finger, ein Daumen, ein Arm,
ein Bein und schüttel den Kopf,
beweg dich.
Ein Finger, ein Daumen, ein Arm,
ein Bein und schüttel den Kopf,
beweg dich.
Ein Finger, ein Daumen, ein Arm,
ein Bein und schüttel den Kopf,
beweg dich.
Der Tag geht schneller vorbei.

5. Ein Finger, ein Daumen, ein Arm,
ein Bein und schüttel den Kopf,
steh auf! Setz dich! Beweg dich. 3 ×
Der Tag geht schneller vorbei.

Pick a bale of cotton

Nr. 1-7

Words and music: traditional

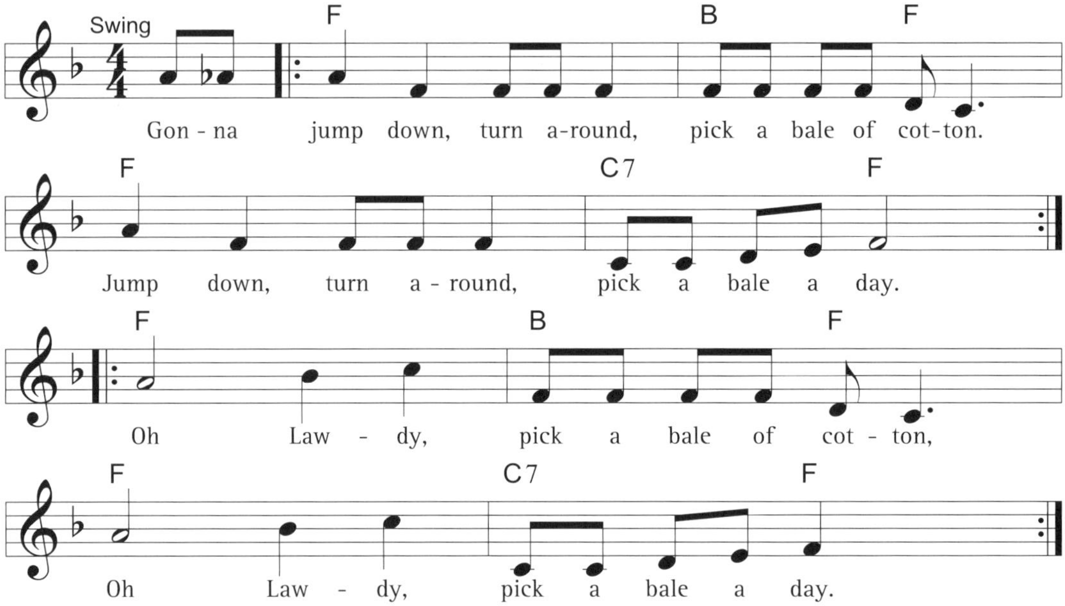

1. Gonna jump down, turn around,
   pick a bale of cotton.
   Jump down, turn around,
   pick a bale a day.
   Jump down, turn around,
   pick a bale of cotton.
   Jump down, turn around,
   pick a bale a day.

   Chorus:
   Oh Lawdy, pick a bale of cotton,
   Oh Lawdy, pick a bale a day. (2×)

2. Me and my partner we can
   pick a bale of cotton,
   Me and my partner we can
   pick a bale a day. (2×)

   Chorus

3. I'm on my way to Texas to
   pick a bale of cotton,
   I'm on my way to Texas to
   pick a bale a day. (2×)

   Chorus

4. I can pick a, pick a, pick a,
   pick a bale of cotton,
   I can pick a, pick a, pick a,
   pick a bale a day. (2×)

   Chorus

   Repeat verse 2

   Chorus

   Repeat verse 4

Wortschatz

to pick: pflücken
bale: Ballen, Bündel
Lawdy: andere Schreibweise von "Lordy"

Spieltipps

Das Stück ist ein "worksong" der Baumwollpflücker in Amerika. "A bale of cotton" entspricht dem Viertel einer Tonne.

Jede Strophe wird etwas schneller als die vorhergehende gesungen. Innerhalb der einzelnen Strophen bleibt das Tempo gleich. Das Lied wird mit einem Off-Beat-Klatschen begleitet.

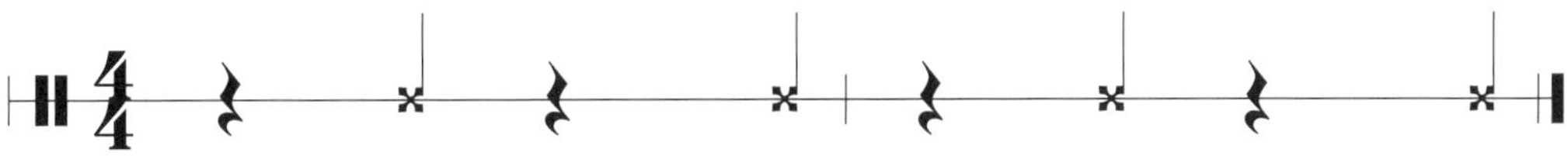

Musikalisch reizvoll ist es, die Textstelle *Oh Lawdy* im Refrain zweistimmig zu singen.

Zweite Stimme:

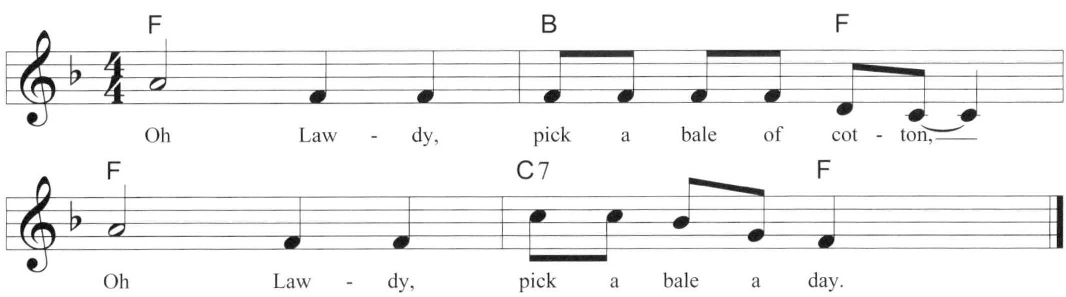

Varianten

Pick a bale of cotton als „Quodlibet" Dabei singt eine Gruppe die Strophen und eine zweite gleichzeitig den Refrain. Auch hier können die Kinder mit Off-Beat-Klatschen begleiten. Oder beide Gruppen singen das komplette Lied durch. Gruppe 1 beginnt dabei mit der ersten Strophe und Gruppe 2 mit dem Refrain. Wenn dann Gruppe 1 den Refrain singt, trägt Gruppe 2 die erste Strophe vor usw.

Viel Spaß macht ein Tanzspiel, bei dem sich die Linder paarweise im Kreis nebeneinander aufstellen. Zunächst blicken alle nach innen.

1. Strophe:
   Gonna jump down,
   In die Hocke hüpfen
   turn around,
   In der Hocke im Uhrzeigersinn
   um die eigene Achse drehen
   und dabei wieder aufstehen
   pick a
   Mit der rechten Hand eine
   Pflückbewegung machen
   bale of
   Mit der linken Hand eine
   Pflückbewegung machen
   cotton.
   Pflückbewegug mit der rechten Hand
   Jump down, turn around,
   pick a bale a day.
   Wiederholung der Bewegungen

   Chorus:
   Oh Lawdy,
   Dreimal in die Hände klatschen
   pick a
   Mit der rechten Hand eine
   Pflückbewegung machen
   bale of
   Mit der linken Hand eine
   Pflückbewegung machen
   cotton.
   Pflückbewegug mit der rechten Hand
   Oh Lawdy, pick a bale a day.
   Wiederholung der Bewegungen

2. Strophe
   Die Paare drehen sich und
   schauen sich an.
   Me and
   Mit der rechten Hand auf
   sich selbst zeigen
   my partner
   Mit der rechten Hand auf
   den Partner zeigen
   we can pick a
   Mit der rechten Hand eine
   Pflückbewegung machen
   bale of
   Mit der linken Hand eine
   Pflückbewegung machen
   cotton,
   Pflückbewegung mit der rechten Hand
   Me and my partner we can
   pick a bale a day. (2×)
   Wiederholung der Bewegungen

3. Strophe
   Alle drehen sich entgegen dem Uhrzeigersinn in Tanzrichtung, sodass sie hintereinander im Kreis laufen können. Bei *Pick a bale of cotton* und *Pick a bale a day* werden wieder die entsprechenden Pflückbewegungen gemacht. Beim letzten *Pick a bale a day* im Refrain bleiben alle stehen, den Blick in den Kreis gerichtet.

4. Strophe
   Mit den Fingern der rechten (R) und der linken (L) Hand abwechselnd die Pflückbewegungen machen.
   I can pick a, pick a, pick a,
   pick a bale of cotton

Deutsche Textübertragung

Aus der Baumwolle werden in der deutschen Textübertragung Kirschen, die beim Singen rhythmisch gepflückt werden. Zum Schluss können alle – um das Kirschkernspucken zu symbolisieren – mit der Zunge schnalzen.

Kirschenpflücken

Text: Wolfgang Hering

1. Ja, **stampf** auf und **dreh** dich,
   pflück mit beiden **Hän**den.
   Stampf auf, **dreh** dich,
   pflück die Kirschen **ab**.

Refrain:
Spring hoch
und **pflück** mit beiden **Hän**den.
Spring hoch,
ein **paar** sind noch **dran**.

2. Ja, **klatsch** mit deinem **Nach**barn
   und **pflück** mit beiden **Hän**den.
   Klatsch mit deinem **Nach**barn,
   und **pflück** die Kirschen **ab**.

3. Ja, **iss** dann die **Kir**schen,
   verschluck keine Kerne.
   Iss dann die **Kir**schen
   und **spuck** die Kerne **aus**.

Alphabet Rap

Nr. 1-8

Music: Bernhard Hering – words: Brigitte Schanz-Hering / Wolfgang E. Hering

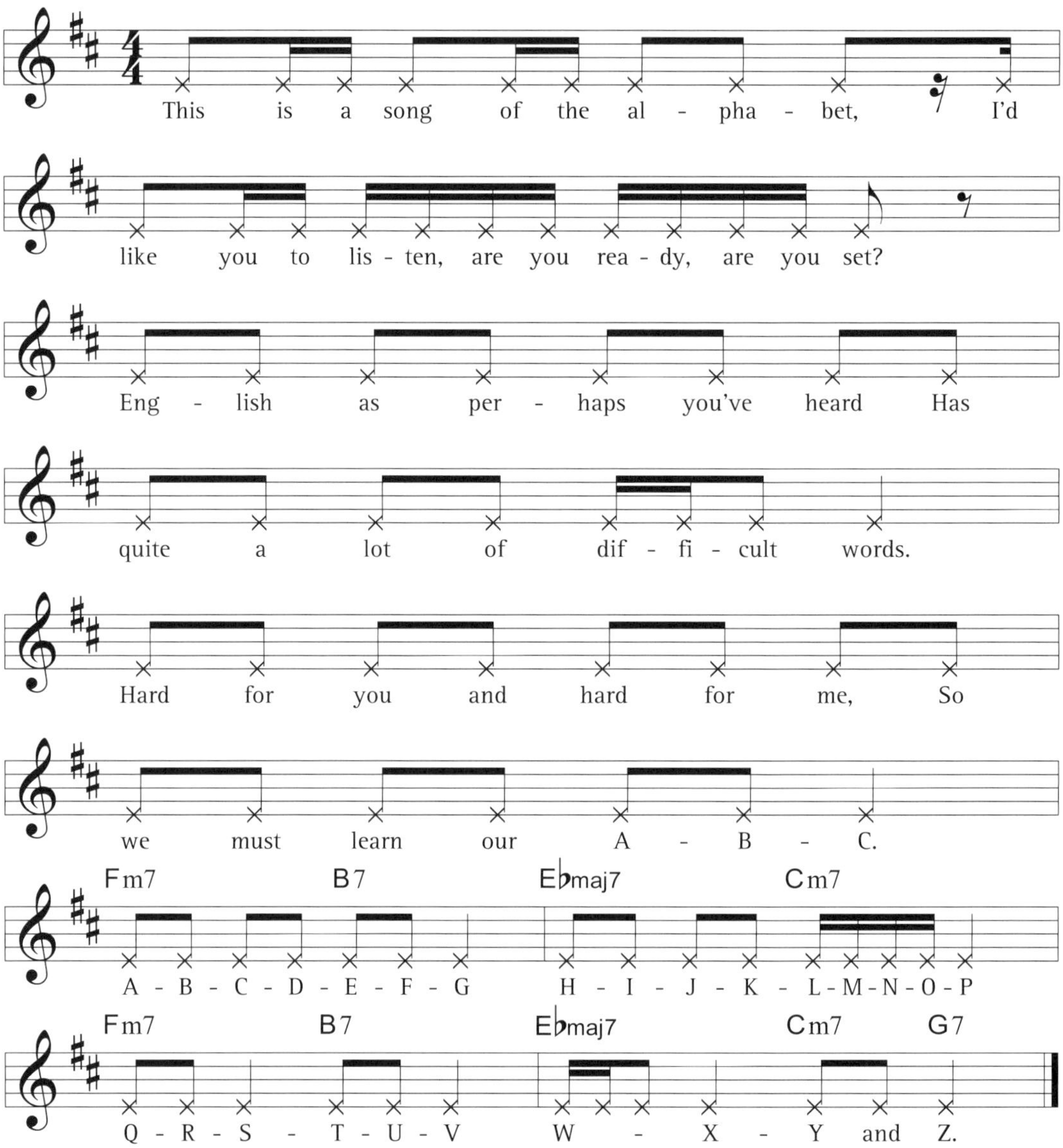

1. This is a song of the alphabet,
   I'd **like** you to listen, are you
   ready, are you set?
   English as per**haps** you've heard
   Has **quite** a lot of **diff**icult words.
   Hard for you and **hard** for me,
   So we must learn our ABC

Chorus:
A-B-C-D-E-F-G
H-I-J-K-L-M-N-O-P
Q-R-S-T-U-V
W-X-Y and Z. (2×)

2. When you know these letters by heart
Then we can really start.
My favourite hobby is spelling names.
I think it's one of the greatest games.
My best friend's name is Peter: P-E-T-E-R
My uncle's name is Thomas:
T-H-O-M-A-S
My mother's name is Helen: H-E-L-E-N
My cousin's name is
Ashley: A-S-H-L-E-Y

Chorus

3. Let's try to do my spelling test.
Who's the quickest, who's the best?
I'll give you letters of three names.
Is it Jenny, Johnny or it is James?
The letters are J-E-double N-Y.
The name is Jenny.
The letters are J-A-M-E-S.
The name is James.

Chorus (2×)

Wortschatz
Are you set? Bist du fertig?
by heart: auswendig
first name: Vorname
surname: Nachname

Spieltipps

Der Alphabet Rap eignet sich zur Einführung und zum Üben des englischen Alphabets. Dabei wird das Lied zunächst vorgestellt (CD). Danach wird Zeile für Zeile des Alphabets, bzw. des Refrains eingeübt und mit einem Fingerschnipsen begleitet (x), d.h. jeweils auf den ersten und dritten Taktschlag. Sie sprechen vor und die Kinder wiederholen.

x x
A-B-C-D-E-F-G
x x
H-I-J-K-L-M-N-O-P
x x
Q-R-S-T-U-V
x x
W-X-Y and Z

Danach können mithilfe der dritten Strophe Buchstabier-Übungen durchgeführt werden. Die Kinder können die eigenen Namen oder Namen von Verwandten oder Freunden buchstabieren.

My name is Kevin – K-E-V-I-N.
My father's name is Klaus – K-L-A-U-S. usw.

Das kann im Rhythmus des Liedes passieren, muss aber nicht.

Oder die Gruppe wiederholt als Echo: His father's name is Klaus – K-L-A-U-S. Achten Sie darauf, dass es bei Mädchen *her* heißt.

Variante

Namen und Wörter raten: Greifen Sie den Text der 5. Strophe auf und sprechen Sie: *The letters are J-A-N-E.* Das Kind, das die Antwort weiß, meldet sich und sagt*: The name is Jane.*

Handelt es sich nicht um einen Namen, muss die Antwort *The word is ...* heißen. Beispiel*: The letters are E-N-G-L-I-S-H.*: *The word is English.*

2. This old man – Von verrückten und ganz normalen Leuten

This old man

Nr. 1-9

Words and music: traditional

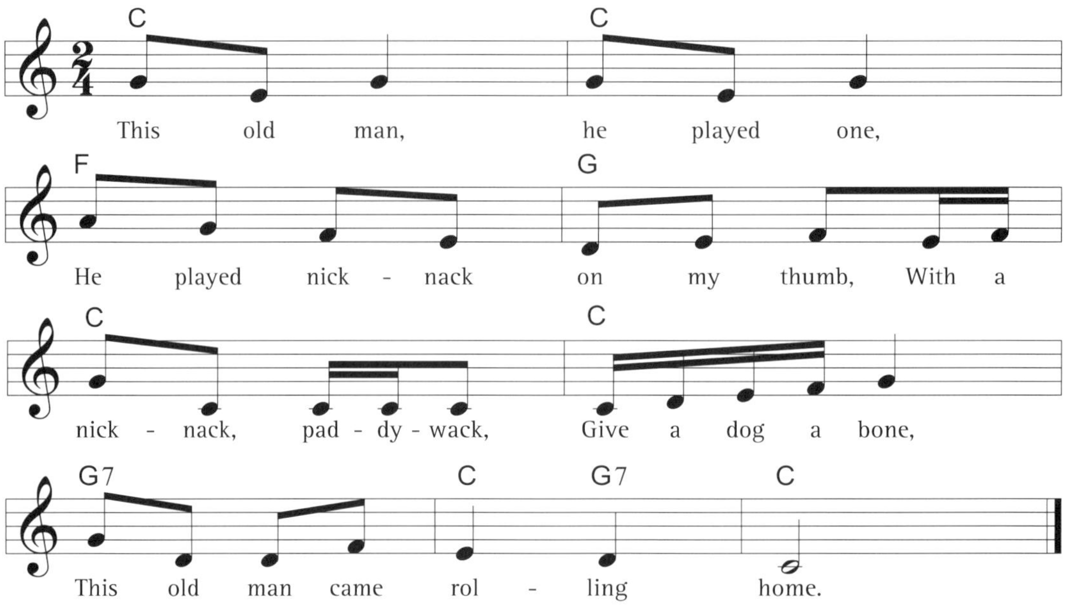

1. This old man, he played one,
He played nick-nack on my thumb,
With a nick-nack, paddy-wack,
Give a dog a bone,
This old man came rolling home.

2. This old man, he played two,
He played nick-nack on my shoe,
With a nick-nack, paddy-wack,
Give a dog a bone,
This old man came rolling home.

3. This old man, he played three,
He played nick-nack on my knee,
With a nick-nack, paddy-wack,
Give a dog a bone,
This old man came rolling home.

4. This old man, he played four,
He played nick-nack on my door, ...

5. ... five ... on my hive ...

6. ... six ... on my sticks ...

7. ... seven ... up in heaven ...

8. ... eight ... on my gate ...

9. ... nine ... on my spine ...

10. ... ten ... nick-nack once again ...

Wortschatz
nick-nack = *knick-knack*: Schnickschnack
hive: Bienenstock
spine: Wirbelsäule

Spieltipps

Zu diesem sehr bekannten Lied werden folgende Bewegungen ausgeführt:

1. Beim in jeder Strophe wiederkehrenden Teil "*With a nick-nack, paddy-wack, give a dog a bone, This old man came rolling home*":
   With a nick-nack
   Zweimal auf die Knie patschen
   Paddy-wack
   Zweimal in die Hände klatschen
   Give a dog a bone,
   Hand ausstrecken
   This old man
   Auf sich selbst zeigen
   Came rolling home.
   Hände umeinander herumrollen

2. In den einzelnen Strophen:

1. ... one
   Einen Finger in die Luft strecken
   He played nick-nack on my thumb
   Daumen beider Hände berühren sich
2. ... two
   Zwei Finger in die Luft strecken
   ... on my shoe
   Auf die Schuhe klopfen
3. ... three
   Drei Finger in die Luft strecken
   ... on my knee
   Auf die Knie patschen
4. ... four
   Vier Finger in die Luft strecken
   ... on my door
   Gegen die Stirn klopfen
5. ... five
   Fünf Finger in die Luft strecken
   ... on my hive
   Finger summen als Bienen
6. ... *six*
   Sechs Finger in die Luft strecken
   ... on my sticks
   Zeigefinger gegeneinander klopfen
7. ... seven
   Sieben Finger in die Luft strecken
   ... up in heaven
   Zum Himmel zeigen
8. ... eight
   Acht Finger in die Luft strecken
   ... on my gate
   Gegen imaginäres Tor klopfen
9. ... nine
   Neun Finger in die Luft strecken
   ... on my spine
   Auf die eigene Wirbelsäule klopfen
10. ... ten
   Zehn Finger in die Luft strecken
   ... once again
   In die Hände klatschen

Varianten

1. In jeder Strophe wird nach Nennung der Zahl entsprechend oft in die Hände geklatscht.
2. Die letzte Zeile jeder Strophe *This old man came rolling home* wird ganz lang gezogen.

Deutsche Textübertragung

Diese deutsche Fassung finden Sie auf der CD „Wolfgang Hering/Bernd Meyerholz: „Komm, wir spielen" (Fidula-Verlag). Alle Kinder können mit einer Hand den großen, kugelrunden Bauch andeuten.

Das Nicknack-Einmaleins

Text: W. Hering/M. Eickmann
© Fidula-Verlag

1. Alter Mann, er spielt eins,
   spielt das Nicknack-Einmaleins,
   Nick-nack-paddiwack –
   Knochen für den Hund,
   Opas Bauch ist kugelrund.
2. Alter Mann, er spielt zwei, spielt
   das Nicknack mit 'nem Ei ...
3. Alter Mann, er spielt
   drei, ... auch im Mai ...
4. Alter Mann, er spielt
   vier, ... am Klavier ...
5. Alter Mann, er spielt
   fünf, ... ohne Strümpf
6. Alter Mann, er spielt
   sechs, ... mit der Hex
7. Alter Mann, er spielt
   sieben, ... übertrieben
8. Alter Mann, er spielt
   acht, ... bis es kracht
9. Alter Mann, er spielt
   neun, ... in der Scheun.
10. Alter Mann, er spielt zehn, ...
    beim Fernsehn.

Long-legged sailor

Nr. 1-10

Words and music: traditional

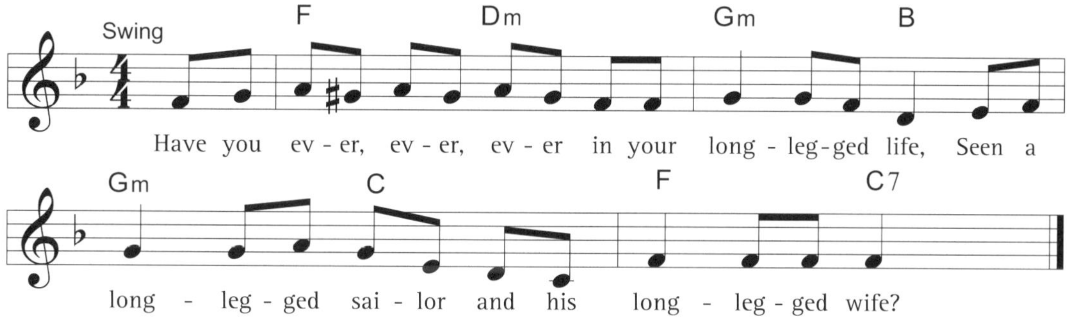

1. Have you ever, ever, ever,
   in your long-legged life,
   Seen a long-legged sailor
   and his long-legged wife?
   No, I've never, never, never
   in my long-legged life,
   Seen a long-legged sailor
   and his long-legged wife.

2. Have you ever, ever, ever in
   your short-legged life,
   Seen a short-legged sailor
   and his short-legged wife?
   No, I've never, never, never
   in my short-legged life,
   Seen a short-legged sailor
   and his short-legged wife.

3. Have you ever, ever, ever
   in your pigeon-toed life
   Seen a pidgeon-toed sailor
   and his pigeon-toed wife?
   No, I've never, never, never
   in my pigeon-toed life
   Seen a pidgeon-toed sailor
   and his pigeon-toed wife.

4. Have you ever, ever, ever
   in your cross-eyed life
   Seen a cross-eyed sailor
   and his cross-eyed wife?
   No, I've never, never, never
   in my cross-eyed life
   Seen a cross-eyed sailor
   and his cross-eyed wife.

5. Have you ever, ever, ever
   in your bone-hipped life
   Seen an bone-hipped sailor
   and his bone-hipped wife?
   No, I've never, never, never
   in my bone-hipped life
   Seen a bone-hipped sailor
   and his bone-hipped wife.

6. Have you ever, ever, ever
   in your knock-kneed life
   Seen a knock-kneed sailor
   and his knock-kneed wife?
   No, I've never, never, never
   in my knock-kneed life
   Seen a knock-kneed sailor
   and his knock-kneed wife.

Wortschatz

pigeon-toed: mit einwärts gerichteten Füßen
cross-eyed: schielend
bone-hipped: mit knochigen Hüften
knock-kneed: mit X-Beinen

Spieltipps

Call and response: Zwei Gruppen bilden, eine singt die Frage *Have you ever, ever ...*, die andere die Antwort: *No, I've never, never ...*

Variante

Klatschspiel mit Bewegungen: Alle sitzen im Kreis. Es wird abwechselnd in die Hände geklatscht und auf die Knie gepatscht. Beispiel für die erste Strophe mit Klatschmuster:
H = in die Hände klatschen
K = auf die Knie patschen
B = Bewegung (siehe rechte Spalte)

H K H K H B H
Have you ever, ever, ever in your long-legged
K
life,
H B H K H B H
Seen a long-legged sailor and his long-legged
K
wife?
H K H K H B H
No, I've never, never, never in my long-legged
K
life,
H B H K H B H
Seen a long-legged sailor and his long-legged
K
wife.

Die unterschiedlichen Bewegungen in den einzelnen Strophen:
long-legged
Arme weit auseinander
short-legged
Hände dicht zusammen
pigeon-toed
Knie zusammen, Fußspitzen nach innen
bone-hipped
Mit den Händen auf die Hüften zeigen
cross-eyed
Zeigefinger vor den Augen überkreuzen
knock-kneed
Knie zusammen, Füße auseinander
Die Spieltipps können natürlich auch miteinander kombiniert werden.

Jimmy crack corn

Nr. 1-11

Words and music: traditional

Chorus:
Jimmy crack corn and I don't care.
Jimmy crack corn and I don't care.
Jimmy crack corn and I don't care.
My master's gone away.

1. Right hand up and I don't care.
   Right hand up and I don't care.
   Right hand up and I don't care.
   My master's gone away.

   Chorus

2. Left hand up and I don't care ...

   Chorus

3. Both hands up and I don't care ...

   Chorus

Wortschatz

to crack: (hier) öffnen, knacken

corn: (hier) Mais (amerikanisches Englisch)

Spieltipps

Im Sitzen werden die Bewegungen der einzelnen Strophen ausgeführt. Auf *I don't care* in den Strophen dreimal mit den Füßen stampfen, im Refrain dreimal in die Hände klatschen.

Varianten

Beim Tanzlied stehen sich die Kinder paarweise im Kreis gegenüber. Während des Refrains gehen die Paare im Kreis an den Händen gefasst in Tanzrichtung (gegen den Uhrzeigersinn). Folgende Bewegungen gibt es in der ersten Strophe:

Right hand up
Rechte Hand heben
and I don't care.
Hände an die Hüften und dreimal mit dem rechten Fuß aufstampfen
My master's gone away.
Die Paare verabschieden sich mit einer Verbeugung voneinander

Nach der Verbeugung rücken die innen stehenden Tänzer einen Partner weiter (in Tanzrichtung). Refrain und zweite Strophe werden mit dem neuen Partner ausgeführt. Die Bewegungen der zweiten Strophe entsprechen der ersten, nur mit linker Hand und linkem Fuß. Vor der dritten Strophe erfolgt wieder ein Partnerwechsel, und es kommen beide Hände zum Einsatz. Auf *I don't care* wird mit dem rechten, dann mit dem linken und wieder mit dem rechten Fuß aufgestampft.

Zur Melodie lassen sich neue Strophen erfinden. Beispiele:

Touch your ears (eyes, knees, toes ...) and I don't care ...
Play the drums (violin, guitar, flute, piano ...) and I don't care ...
Walk like a lady (an old man, a clown ...) and I don't care ...
Jump (walk, dance, creep) like a frog (an elephant, a bear, a tiger ...)
Bark like a dog, miouw like a cat etc.

She'll be coming round the mountain

Nr. 1-12

Words and music: traditional

1. She'll be coming round the
   mountain when she comes.
   Oh yeah!
   She'll be coming round the
   mountain when she comes.
   Oh yeah!
   She'll be coming round the mountain,
   Coming round the mountain,
   Coming round the mountain
   when she comes,
   Oh yeah!

   Chorus:
   Singing ya-ya-yippee-yippey-yay.
   Singing ya-ya-yippee-yippey-yay.
   Singing ya-ya-yippee-yippee,
   Ya-ya-yippee-yippee,
   Ya-ya-yippee-yippey-yay.

2. She'll be riding six white
   horses when she comes.
   Whoa back!
   She'll be riding six white
   horses when she comes.
   Whoa back!
   She'll be riding six white horses,
   Riding six white horses,
   Riding six white horses when she comes,
   Whoa back!

3. And we'll all go out to meet
   her when she comes.
   Hi there! ...

4. And we'll kill the old red
   rooster when she comes.
   Hack, hack! ...

5. And we'll all have chicken and
   dumplings when she comes.
   Yum-yum! ...

6. But she's sent a postcard
   saying she will not come.
   Sniff, sniff! ...

Wortschatz

whoa: halt, brr!

rooster: Hahn

dumpling: Knödel, Kloß

Spieltipps

Die *calls* der einzelnen Strophen werden durch Bewegungen unterstützt:

Oh yeah!
Zweimal in die Hände klatschen
Whoa back!
An imaginären Zügeln ziehen
Hi there!
Zur Begrüßung winken
Hack, hack!
Hackende Bewegung machen
Yum-yum!
Den Bauch reiben
Sniff, sniff
Schniefen

Die Gitarrenbegleitung wird während der *calls* unterbrochen. Im Refrain werden *calls* und Bewegungen aneinandergehängt. Das sieht dann so aus:

Chorus nach der 1. Strophe:
Singing ya-ya-yippee-yippey-yay.
Oh yeah!
Singing ya-ya-yippee-yippey-yay.
Oh yeah!
Singing ya-ya-yippee-yippee,
ya-ya-yippee-yippee,
ya-ya-yippee-yippey-yay.
Oh yeah!

Chorus nach der 2. Strophe:
Singing ya-ya-yippee-yippey-yay.
Oh yeah! Whoa back!
Singing ya-ya-yippee-yippey-yay.
Oh yeah! Whoa back!
Singing ya-ya-yippee-yippee,
ya-ya-yippee-yippee,
ya-ya-yippee-yippey-yay.
Oh yeah! Whoa back!

Chorus nach der 3. Strophe:
Singing ya-ya-yippee-yippey-yay.
Oh yeah! Whoa back! Hi there!

Chorus nach der 4. Strophe:
Singing ya-ya-yippee-yippey-yay.
Oh yeah! Whoa back! Hi there! Hack, hack!

Chorus nach der 5. Strophe:
Singing ya-ya-yippee-yippey-yay.
Oh yeah! Whoa back! Hi there! Hack, hack!
Yum-yum!

Chorus nach der 6. Strophe:
Singing ya-ya-yippee-yippey-yay.
Oh yeah! Whoa back! Hi there! Hack, hack!
Yum-yum! Sniff, sniff!

Deutsche Textübertragung

Die deutsche – in vielen Fassungen bekannte – Übertragung wird meist mit einem etwas anderen Bewegungsablauf gespielt.

Meine Tante aus Marokko

überliefert

1. Meine **Tan**te aus Ma**rok**ko,
   wenn sie **kommt**, hipp **hoi**.
   Meine **Tan**te aus Ma**rok**ko,
   wenn sie **kommt**, hipp **hoi**.
   Meine **Tan**te aus Ma**rok**ko, meine **Tan**te
   aus Ma**rok**ko, meine **Tan**te aus Ma**rok**ko,
   wenn sie **kommt**, hipp **hoi**.

Refrain:
Singing **ja** ja **jip**pie, jippie **jey**,
hipp **hoi**. 2×
Singing **ja** ja **jip**pie, jippie, **ja** ja jippie,
jippie, **ja** ja jippie, jippie **jey**, hipp **hoi**.

2. Und sie **kommt** auf zwei Ka**mel**en,
wenn sie **kommt**, hoppel **pop**pel ...

3. Und sie **schießt** mit zwei Pis**to**len,
wenn sie **kommt**, piff, **paff** ...

4. Und sie **trinkt** gern Coca **Co**la,
wenn sie **kommt**, gluck, **gluck** ...

5. Und dann **schrub**ben wir die **Woh**nung,
wenn sie **kommt**, schrubb **schrubb** ...

6. Und dann **schlach**ten wir ein **Fer**kel,
wenn sie **kommt**, grrr **grrr** ...

7. Und dann **bra**ten wir das **Fer**kel
ihr am **Spieß**, oink, **oink** ...

8. Und wir **krie**gen eine **Nach**richt, dass
sie nicht **kommt**, jammer, **jam**mer ...

9. Und dann **es**sen wir das **Fer**kel
ganz al**lein**, ätsch, **ätsch** ...

Bewegungen:
hipp hoi
Bei „Hipp“ mit der rechten Hand und dem ausgestreckten Daumen über die rechte Schulter zeigen, bei „hoi“ dasselbe mit der linken Hand über die linke Schulter
hoppel poppel
Die Fäuste machen gegenläufige Drehbewegungen vor dem Oberkörper
piff paff
Pistole mit dem Zeigefinger andeuten und in die Luft schießen
gluck gluck
Trinkbewegungen vor dem Mund machen
schrubb schrubb
Mit beiden Händen schrubben
grrr grrr
Mit dem Zeigefinger um den Hals fahren
oink oink
Drehbewegungen mit der rechten Hand
Jammer, jammer
Hände vors Gesicht schlagen
ätsch, ätsch
Lange Nase machen

Mr Weatherman

Nr. 1-13

Music: Bernhard Hering / Wolfgang E. Hering / Bernd Meyerholz –
translation: Brigitte Schanz-Hering

1. When the weather's dark and dreary,
And we're feeling sad and weary,
Mister Weatherman let your colours
glow,
Paint the sky with a big rainbow.
When the rain beats on the window pane,
And we think we'll never
see the sun again,
Mister Weatherman do your stuff,
Turn that great big rain tap off.

Chorus:
Dear Mister Weatherman,
Do what we know you can,
Do what we know you can,
Do what we know you can.
Dear Mister Weatherman,
Do what we know you can,
Do what we know you can.
Let the sun come out!

2. When the playground's grey and wet,
We're as bored as we can get,
Mister Weatherman with
all your might –
Warm the air up – we want
to play outside.
Cold winds have us in their grip,
Make our eyes stream and noses drip,
Mister Weatherman, do be nice,
Send us your South wind to melt the ice.

3. Now we see the lightning flash,
All around us hear the thunder crash!
Mister Weatherman be quiet, please.
We want to sleep and get some peace.
Turn your sun lamp right up high,
Clear those grey clouds out of the sky,
Blow the fog and drizzle away.
We'd like to have a sunny day.

Wortschatz
dreary: trostlos, düster
weary: müde, erschöpft
tap: Hahn
to stream: hier: tränen
to drip: tropfen, tröpfeln
drizzle: Nieselregen, Sprühregen

Spieltipps

Fortgeschrittene Lerngruppen können das ganze Lied singen; im Anfangsunterricht benutzen Sie die Begleit-CD bzw. singen selbst die Strophen. Die Kinder singen dann nur den Refrain mit. Bei der Textzeile "*Let the sun come out*" zeigen alle mit den Armen eine große Sonne. Im letzten Refrain geht die Sonne dann dreimal auf.

Variante

Erklären Sie den Kindern den Liedtext, und lassen Sie zu jeder Strophe zwei Bilder malen. Die Kinder können auch in sechs Gruppen jeweils ein Bild malen: Die Bilder werden mit den jeweiligen Textzeilen zu einer Wandzeitung zusammengestellt.

Deutscher Text

Eine deutsche Fassung finden Sie auf der CD „Trio Kunterbunt: Sternenfänger“ (Universal).

Der Wettermacher

Text / Musik: Bernhard Hering / Wolfgang E. Hering / Bernd Meyerholz

1. Wenn der Himmel grau in grau ist,
nirgendwo ein Fleckchen Blau ist:
Dann, Wettermacher, hol
den Farbtopf raus,
mach ’ne schöne blaue Decke draus.
Wenn es schüttet Tag um Tag
und der Regen gar nicht aufhörn mag:
Komm, Wettermacher, jetzt
mach bloß nicht schlapp
und stell doch mal die große Dusche ab.

Refrain:
Lieber Wettermacher, mach das Wetter
ein bisschen netter, ein bisschen netter.
Lieber Wettermacher, mach das Wetter
ein bisschen netter – lass die Sonne raus.

2. Wenn der Spielplatz draußen leer ist,
ein Sonnentag schon lange her ist,
ja, Wettermacher, was machst du bloß?
Du weißt doch, wir sind hier
nicht bei den Eskimos.
Wenn der Wind nur noch
von Norden weht,
sich um die verschnupften Nasen dreht:
Hey, Wettermacher, schick
uns, das wär schön,
ein bisschen warme Luft aus deinem Fön.

3. Wenn es blitzt und donnert wie verrückt,
mancher sich vor Angst
ins Bett verdrückt:
Hach, Wettermacher, bitte, bitte mach
nicht so einen Wahnsinnskrach.
Schmeiß die Sonnenscheinwerfer an.
Dreh die Heizung auf –
oh Mann oh Mann,
und mach doch endlich deinen
großen Kühlschrank aus.
Wir hol’n schon mal die
Sonnenbrillen raus.

Job song

Nr. 1-14

Words and music: W. E. Hering / B. Meyerholz – translation: Brigitte Schanz-Hering

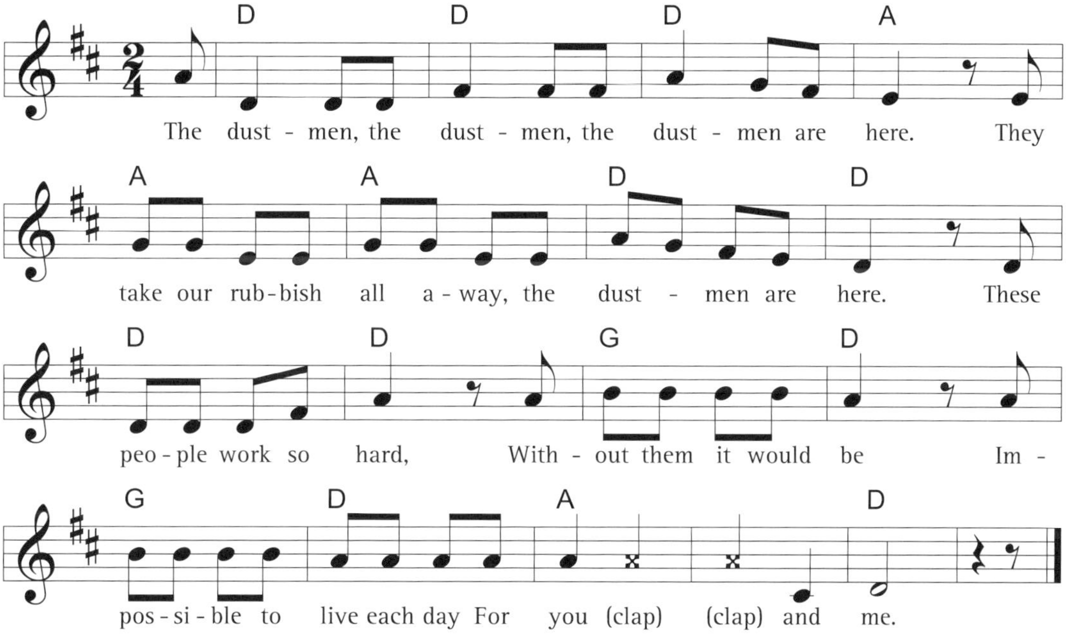

1. The dustmen, the dustmen,
   the dustmen are here.
   They take our rubbish all away,
   the dustmen are here.

   Chorus:
   These people work so hard,
   Without them it would be
   Impossible to live each day
   For you – and me.

2. The firemen, the firemen,
   the firemen are here.
   They put out fires and rescue
   cats, the firemen are here.

3. The milkman, the milkman,
   the milkman is here.
   He brings us milk and cream and
   eggs, the milkman is here.

4. The dancer, the dancer,
   the dancer is here.
   She dances so gracefully,
   the dancer is here.

5. The astronaut, the astronaut,
   the astronaut is here.
   He flies around the moon and back,
   the astronaut is here.

6. The postman, the postman,
   the postman is here.
   He always brings us lots of
   bills, the postman is here.

7. The dentist, the dentist,
   the dentist is here.
   Do not forget to brush your
   teeth, the dentist is here.

8. The teacher, the teacher,
   the teacher is here.
   And so we must be quiet
   now, the teacher is here.

Wortschatz

dustman: im britischen Englisch: Müllmann (im amerikanischen Englisch heißt es *garbage man*)

gracefully: graziös, anmutig

Spieltipps

Die Berufe werden pantomimisch dargestellt. Alle außer den „Schauspielerinnen und Schauspielern", die vorher festgelegt werden, singen die Strophen und den Refrain und klatschen im Refrain nach *for you* zweimal in die Hände.

Varianten

Es können weitere Berufe mit den dazugehörigen Tätigkeiten beschrieben werden, z.B.:

baker – bakes us bread and cakes and things
doctor – makes us better when we're ill
taxidriver – takes us where we want to go
fisherman – sails away to catch our fish

Anstelle der Berufsbezeichnung wird "Wabaloo" eingesetzt. Dann geht der Text z.B. so:
The Wabaloo, the Wabaloo,
the Wabaloo is here.
And so we must be quiet now,
the Wabaloo is here.
Sobald jemand die richtige Berufsbezeichnung genannt hat, singen alle die vollständige Strophe mit dem Refrain.

Deutscher Text

Die Müllabfuhr

Text / Musik: Wolfgang Hering / Bernd Meyerholz © Fidula-Verlag Boppard / Rhein

1. Die Müllabfuhr, die Müllabfuhr,
   die Müllabfuhr, die kommt,
   holt montags unsern Abfall ab.
   Die Müllabfuhr, die kommt.

Refrain:
Wir brauchen diese Leute,
die Arbeit ist so schwer.
Ohne diese Leute
klappt – nichts mehr.

2. Die Feuerwehr, die Feuerwehr,
die Feuerwehr, die kommt
und löscht das große Haus, das brennt.
Die Feuerwehr, die kommt.

3. Die Krankenschwester,
Krankenschwester,
Krankenschwester kommt,
piekt dir 'ne Spritze in den Po.
Die Krankenschwester kommt.

4. Die Tänzerin, die Tänzerin,
die Tänzerin, die kommt
und schwebt auf Spitzen
durch den Raum.
Die Tänzerin, die kommt.

5. Der Briefträger, Briefträger,
Briefträger kommt
und bringt dir einen Liebesbrief.
Der Briefträger kommt.

6. Der Eismann, der Eismann,
der Eismann, der kommt
und bringt das Eis, das lecker schmeckt.
Der Eismann, der kommt.

7. Der Zahnarzt, der Zahnarzt,
der Zahnarzt, der kommt
und zieht dir einen hohlen Zahn.
Der Zahnarzt, der kommt.

8. Das Mainzelmännchen,
Mainzelmännchen,
Mainzelmännchen kommt
und sagt dir: „Guten Abend!"
Das Mainzelmännchen kommt.

Das zweimalige Klatschen kommt in der Pause nach „klappt" und vor „nicht mehr"

3. One elephant, one fine day – Von kleinen und großen Tieren

One elephant, one fine day

Nr. 1-15

Words and music: traditional

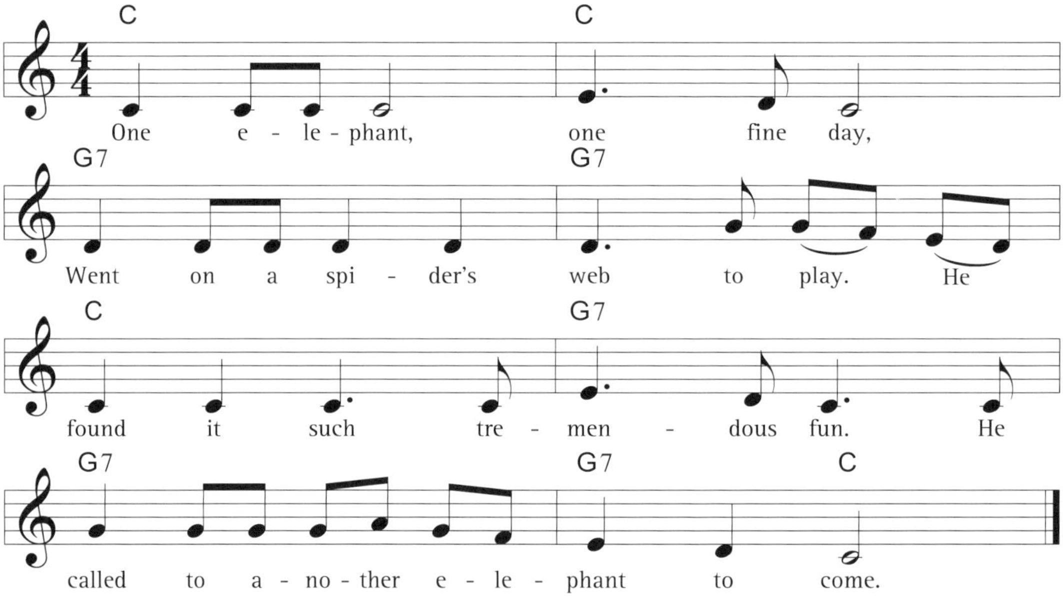

1. One elephant, one fine day,
   Went on a spider's web to play.
   He found it such tremendous fun.
   He called to another elephant to come.

2. Two elephants, one fine day,
   Went on a spider's web to play.
   They found it such tremendous fun.
   They called to another elephant to come.

3. Three elephants one fine day,
   Went on a spider's web to play.
   They found it such tremendous fun.
   They called to another elephant to come.

4. Four elephants ...

5. Five elephants ...

6. Six elephants ...

7. Seven elephants ...

8. Eight elephants ...

Wortschatz

spider's web: Spinnennetz

tremendous: riesig, gewaltig

Spieltipps

Die Kinder sitzen auf Stühlen mit genügend Bewegungsfreiheit, am besten im Kreis. Die Strophen werden mit Körperinstrumenten begleitet.

In der ersten Strophe schlagen alle im Takt mit der rechten Faust auf den rechten Oberschenkel. In der zweiten Strophe wird abwechselnd mit der rechten Faust auf den rechten und mit der linken Faust auf den linken Oberschenkel geschlagen. In der dritten Strophe kommt ein Stampfen mit dem rechten Fuß dazu, in der vierten wird zusätzlich mit dem linken Fuß gestampft. Diese Bewegungen führen die Kinder nacheinander aus. Beim fünften Elefanten wird zusätzlich der rechte Ellbogen auf das rechte Knie aufgestützt und beim sechsten der linke auf das linke Knie. In der siebten Strophe wird noch der Zeigefinger der rechten Hand zur Nase geführt, in der achten der Zeigefinger der linken Hand.

Rhythmus-Fans können neun und zehn oder noch mehr Elefanten aufmarschieren lassen und dafür weitere Bewegungen erfinden. Wem es zu kompliziert wird, der begnügt sich mit wenigen Strophen.

Variante

Auf dem Boden eines großen Raumes (Turnraum oder draußen) ist das „Spinnennetz" mit Klebeband geklebt oder mit Schnüren (Wolle) ausgelegt. Während das Lied gesungen oder mithilfe der Begleit-CD präsentiert wird, wandern jeweils so viele Elefanten durch das Netz wie in den Strophen genannt werden. Dabei darf das Spinnennetz nicht betreten werden.

Einer beginnt und holt sich in der zweiten Strophe den zweiten Elefanten oder die zweite Elefantendame dazu. Diese holt den dritten, der dritte den vierten, usw. Die Elefanten werden so dargestellt: Zeigefinger und Daumen der linken Hand fassen an die Nase. Durch das mit dem Arm entstandene Loch wird der rechte Arm als Rüssel hindurchgesteckt. Die Elefantenherde wird immer größer, bis alle im Netz sind. Der Elefant, der als erster im Spinnennetz war, steigt als erster wieder aus, als nächster der zweite, usw. Dabei werden die Strophen so lange in umgekehrter Reihenfolge gesungen, bis nur noch der Elefant, der als letzter ins Netz gekommen ist, übrig ist.

Deutsche Textübertragung

Ein Elefant ging ohne Hetz

überliefert

1. Ein Elefant ging ohne Hetz
   ganz gemütlich durch ein Spinnennetz.
   Ja, da fand er diesen Weg so int'ressant,
   suchte sich noch einen Elefant.

2. Zwei Elefanten gingen ohne Hetz
   ganz gemütlich durch ein Spinnennetz.
   Ja, da fanden sie den Weg so int'ressant,
   suchten sich noch einen Elefant.

3. Drei Elefanten ...

A kangaroo went hopping

Nr. 1-16

Words: Brigitte Schanz-Hering; music: traditional Dutch

A kangaroo went hopping,
Hop-hop, hop-hop, hop,
Hopping high, hopping free,
High up to the hill top,
Hop-hop, hop-hop, hop-hop, hop-hop,
Hippity-hippity-hop.

Spieltipps

Als Bewegungslied: Bei *"A kangaroo went hopping, hop-hop, hop-hop, hop,"* hüpfend im Kreis entgegen dem Uhrzeigersinn gehen. Bei *"Hopping high, hopping free, high up to the hilltop"* in der Bewegung innehalten und auf der Stelle mehrmals ganz hoch hüpfen. Bei *"Hop-hop, hop-hop, hop-hop, hop-hop, hippity-hippity-hop"* auf der Stelle um die eigene Achse drehen.

Variante

Mit ausreichend vielen Kindern lässt sich die Melodie dieses dreistimmigen Kanons als kleines Tanzspiel darstellen. Dazu wird ein großer, darin ein mittlerer und in der Mitte ein kleiner Kreis gebildet. Zunächst wird das Stück einstimmig mit den oben beschriebenen Bewegungen gesungen und umgesetzt. Wenn alle die Melodie beherrschen, setzt sich der große Kreis in Bewegung (gegen den Uhrzeigersinn). Die zweite Stimme steigt entgegengesetzt (mit dem Uhrzeigersinn) ein, und schließlich startet die letzte Gruppe in dieselbe Richtung wie die erste. Die Stimmen steigen am besten nacheinander ein und hören nacheinander wieder auf.

Grizzly bear

Nr. 1-17

Words and music: traditional

1. I'm gonna tell y'a little story
   'bout a grizzly bear,
   Tell y'a little story 'bout a grizzly bear.
   Well, a great big grizzly, grizzly bear,
   A great big grizzly, grizzly bear.

2. Well, my mamma was a-scared
   of that grizzly bear,
   My mamma was a-scared
   of that grizzly bear.
   So my daddy went a-huntin'
   for that grizzly bear,
   My daddy went a-huntin'
   for that grizzly bear.

3. He had long, long hair that
   grizzly bear, 2×
   He had big, blue eyes that
   grizzly bear. 2×

4. Well, he looked everywhere
   for that grizzly bear, 2×
   But he could not find that
   grizzly bear. 2×

5. So my mama's not afraid of
   that grizzly bear. 2×
   That great big grizzly, grizzly bear. 2×

Wortschatz

to be scared of something: vor etwas Angst haben

Spieltipps

Das Lied kann in *call and response* gesungen werden. Ein kleinerer Teil der Gruppe singt den Text außer *"grizzly bear"*, das vom größeren Teil der Gruppe mit viel Lautstärke geschmettert wird.

The bear

Nr. 1-18

Words and music: traditional

1. The other day, (The other day)
   I met a bear, (I met a bear)
   Away up there, (Away up there)
   A great big bear, (A great big bear),
   The other day I met a bear,
   A great big bear away up there.

2. He looked at me, (echo),
   I looked at him, ...
   He sized up me, ...
   I sized up him, ...
   He looked at me, I looked at him,
   He sized up me, I sized up him.

3. He said to me, ...
   "Why don't you run?, ...
   I see you don't, ...
   have any gun," ...
   He said to me, "Why don't you run?
   I see you don't have any gun."

4. And so I ran, ...
   Away from there, ...
   And right behind, ...
   Me was that bear, ...
   And so I ran away from there,
   And right behind me was that bear.

5. Ahead of me, ...
I saw a tree, ...
A great big tree, ...
Oh, golly gee, ...
Ahead of me I saw a tree,
A great big tree, oh, golly gee.

6. The lowest branch, ...
Was ten feet up, ...
I had to jump, ...
And trust my luck, ...
The lowest branch was ten feet up,
I had to jump and trust my luck.

7. And so I jumped, ...
Into the air, ...
And missed that branch, ...
Away up there, ...
And so I jumped into the air,
And missed that branch away up there.

8. Now don't you fret, ...
And don't you frown, ...
I caught that branch, ...
On the way back down, ...
Now don't you fret and don't you frown,
I caught that branch on
the way back down.

9. That's all there is, ...
There is no more, ...
Until I meet, ...
That bear once more, ...
That's all there is, there is no more,
Until I meet that bear once more.

10. The end, the end, ...
The end, the end, ...
The end, the end, ...
The end, the end, ...
The end, the end, the end, the end,
This time it really is the end!

Wortschatz
to size up: jmd. / etwas taxieren, abschätzen
golly: umgangssprachlich: Donnerwetter, Menschenskind
gee: umgangssprachlich amerikanisches Englisch: Wahnsinn; Mannomann
branch: Zweig
to fret: sich Sorgen machen
to frown: die Stirn runzeln

Spieltipps

Dies ist ein typisches Echo-Lied. Beim Singen werden zwei Gruppen gebildet. Die eine Gruppe singt vor (ggf. nur die Leitung), die andere wiederholt den jeweiligen Text. Die beiden letzten Zeilen in jeder Strophe singen alle gemeinsam.

Frog went a-courtin'

Nr. 1-19

Words and music: traditional

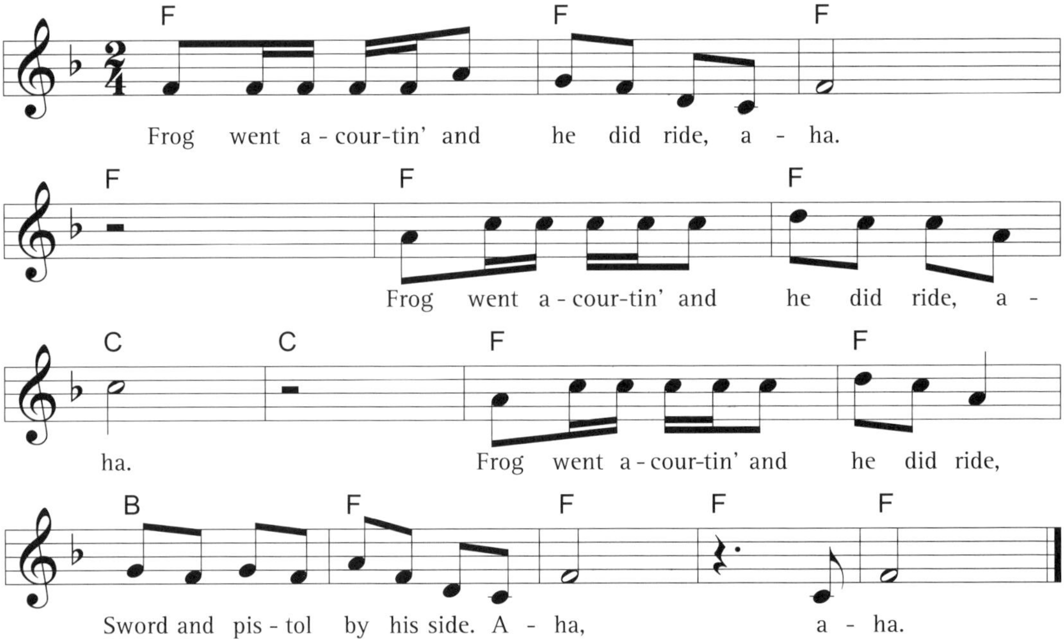

1. Frog went a-courtin'
   and he did ride, a-ha.
   Frog went a-courtin'
   and he did ride, a-ha.
   Frog went a-courtin' and he did ride,
   Sword and pistol by his side. A-ha, a-ha.

2. Rode right up to
   Miss Mouse's door, a-ha.
   Rode right up to
   Miss Mouse's door, a-ha.
   Rode right up to Miss Mouse's door,
   Gave three raps and a very
   loud roar. A-ha, a-ha

3. Said he, "Miss Mouse, are
   you within?" A-ha.
   Said he, "Miss Mouse, are
   you within?" A-ha.
   Said he, "Miss Mouse, are you within?"
   "Yes, kind Sir, I sit and spin."
   A-ha, a-ha.

4. He took her under the apple tree, a-ha.
   He took her under the apple tree, a-ha.
   He took her under the apple tree,
   Said, "Miss Mouse, will you
   marry me?" A-ha, a-ha.

5. "What shall the wedding supper be?" ...
   "A fried mosquito and a roasted flea."

6. First to come in was a bumble-bee, ...
   Set his fiddle on his knee. A-ha, a-ha.

7. Next to come in was a flying moth, ...
   She laid out the table cloth. A-ha, a-ha.

8. Next to come in were two little ants, ...
   Skipping around and having a dance.

9. Last to come in was a big black snake, ...
   Ate up all the wedding cake. A-ha, a-ha.

10. That was the animals' wedding day, ...
    I'm sure there is much more to say.

Wortschatz
to court: den Hof machen, werben
sword: Schwert
rap: Klopfen
consent: Einverständnis; Zustimmung
wedding-gown: Hochzeitskleid
flea: Floh
bumble-bee: Hummel
moth: Motte, Nachtfalter
table cloth: Tischtuch
to skip: hüpfen, springen

Spieltipps

Ein Kind oder eine Gruppe singt das Lied. Ein „Background-Chor" wiederholt das „A-ha" am Ende von erster, zweiter und vierter Zeile.

Variante

Möchten Sie das Lied inszenieren, verteilen Sie zunächst die verschiedenen Rollen: *frog, mouse, bumble-bee* ... Die im Text vorkommenden Gegenstände (*sword, pistol, door..*) werden als Requisiten / Kulisse beschafft. Für aufwendigere Inszenierungen gibt es noch mehr Strophen nach Strophe 4:

Without my Uncle Rat's consent,
I wouldn't marry the president.

Uncle Rat he laughed and went to town
To buy his niece a wedding gown.

Nach Strophe 8:
Next to come in was an old grey cat, ...
But she couldn't get in 'caus she was so fat.

Next to come in was the farmer's dog, ...
He bowed to the mouse and he bowed to the
frog.
Next to come in was Mrs Cow, ...
Tried to dance, but didn't know how.

Wiggley Woo

Nr. 1-20

Words and music: traditional

There's a worm at the bottom of my garden,
And his name is Wiggley Woo.
There's a worm at the bottom of my garden,
And all that he can do,
Is wiggle all day and wiggle all night.
The neighbours say he's a terrible fright.
There's a worm at the bottom of my garden,
And his name is Wiggley Woo.
There's a worm at the bottom of my garden,
And his name is Wiggley Woo.

There's a worm at the bottom of my garden,
And all that he can do,
Is wiggle along and wiggle around
And wiggle himself back under the ground.

Wortschatz

fright: Furcht/Schrecken

wiggle: wackeln, hier: schlängeln, kringeln

Spieltipps

Der Wurm kann mit einem Finger oder einem Arm dargestellt werden. Er schlängelt sich im Verlauf der ersten Strophe nach vorne. Im zweiten Abschnitt werden größere Schleichbewegungen ausgeführt.

Deutsche Textübertragung

Die deutsche Fassung finden Sie auf der Produktion „Wolfgang Hering: Fingerspiele von fern und nah" (Ökotopia-Verlag).

Willibald Wurm

Text: Wolfgang Hering © Ökotopia-Verlag

Ja, da **kriecht** ein Wurm **mit**ten durch den Garten,
und er **nennt** sich Willibald Wumm.
Ja, da **kriecht** ein Wurm **mit**ten durch den Garten,
er **gräbt** dort **al**les **um**.

Er **krin**gelt am **Tag**, er **krin**gelt in der **Nacht**,
hat **Nach**barn **schon** um den **Schlaf** ge**bracht**.
Ja, da **kriecht** ein Wurm **mit**ten durch den Garten,
und er **nennt** sich Willibald Wumm.

Ja, da **kriecht** ein Wurm mitten durch den Garten,
und er **nennt** sich Willibald Wumm.
Ja, da **kriecht** ein Wurm **mit**ten durch den Garten,
er **gräbt** dort **al**les **um**,
Er **krin**gelt sehr **gut** mit **gro**ßem Über**mut**,
wie er **krin**gelt **dort**, das **tut** er **gut**.
Ja, da **kriecht** ein Wurm mitten durch den Garten,
und er **nennt** sich Willibald Wumm.

Incey wincey spider

Nr. 1-21

Words and music: traditional

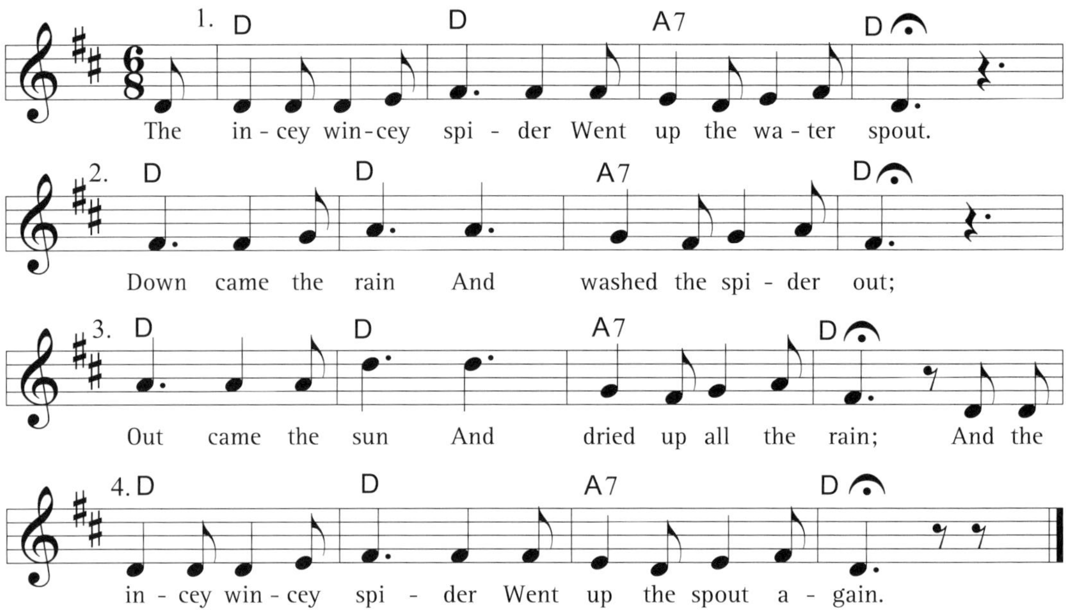

The incey wincey spider
Went up the water spout.
Down came the rain
And washed the spider out;
Out came the sun
And dried up all the rain;
And the incey wincey spider
Went up the spout again.

Wortschatz
spout: Ausguss
incey wincey: (Kindersprache) winzig, sehr klein

Spieltipps

Die Kinder führen die beschriebenen Bewegungen aus:

The incey wincey spider went up the water spout.

Mit den Händen eine krabbelnde Spinne zeigen, dabei berührt der Daumen den Zeigefinger der anderen Hand; mit beiden Händen wird eine nach oben verlaufende kreisförmige Fingerbewegung ausgeführt

Down came the rain

Mit den Fingern Regen imitieren

And washed the spider out;

Hände nach unten fallen lassen

Out came the sun and dried up all the rain;

Mit den Armen einen großen Kreis über dem Kopf bilden

And the incey wincey spider went up the spout again.

Gleiche Bewegung wie oben

Variante

Das Lied kann als vierstimmiger Kanon gesungen werden, bei dem die Einsätze alle vier Takte kommen. Am besten wird das Stück erst einmal zweistimmig probiert. Die zweite Gruppe beginnt dann bei *"Out came the sun"*. Wenn der Gesang klappt, werden die Bewegungen hinzugenommen. Beide Gruppen müssen aufeinander achten, damit sie nicht aus dem Timing kommen. Am Ende kann der Kanon mit allen Darstellungen des Textes und allen vier Gruppen probiert werden.

Deutsche Textübertragung

Die deutsche Fassung finden Sie auf der Produktion „Wolfgang Hering: Kunterbunte Fingerspiele" (Ökotopia-Verlag).

Eine dünne Spinne

Text: Wolfgang Hering

Eine dünne **Spin**ne krabbelt
munter Schritt für **Schritt**.
Kommt ein Regen **run**ter
und **nimmt** die Spinne **mit**.
Taucht danach die **Son**ne auf
und **heizt** so richtig **ein**.
Da **kann** die dünne **Spin**ne
wieder **lau**fen und sich **freun**.

4. The farmer in the dell – Landluft schnuppern

The farmer in the dell

Nr. 2-1

Words and music: traditional

1. The farmer in the dell,
   The farmer in the dell,
   Heigh-ho! The Derry o!
   The farmer in the dell.

2. The farmer takes the wife,
   The farmer takes the wife,
   Heigh-ho! The Derry o!
   The farmer takes the wife.

3. The wife takes the child,
   The wife takes the child,
   Heigh-ho! The Derry o!
   The wife takes the child.

4. The child takes the nurse, ...

5. The nurse takes the dog, ...

6. The dog takes the cat, ...

7. The cat takes the rat, ...

8. The rat takes the cheese, ...

9. The cheese stands alone, ...

Wortschatz
dell: bewaldetes Ta
heigh-ho (Ausruf)
ach jeh!
nurse: hier: Kindermädchen

Spieltipps

Bei diesem Tanzlied stellen sich die Kinder im großer Kreis auf, der *farmer* in der Mitte. Der Kreis von beliebig vielen Kindern, die sich an den Händen gefasst haben, bewegt sich in Tanzrichtung (gegen den Uhrzeigersinn). Während das Lied von allen gesungen wird, bildet sich in der Kreismitte ein Innenkreis, der sich entgegengesetzt zum Außenkreis bewegt und vom *farmer* geführt wird.

1. Strophe: Der Bauer läuft innerhalb des Kreises entgegengesetzt zur Tanzrichtung.
2. Strophe: Der Bauer holt sich aus dem großen Kreis eine Frau, die er an den Händen gefasst hinter sich herzieht.
3. Strophe: Die Frau holt das Kind in die Kreismitte.

So vergrößert sich der Innenkreis immer mehr bis zur 9. Strophe. In dieser gehen alle außer dem Kind, das den *cheese* darstellt, wieder in den Außenkreis zurück. Der *cheese* wird der *farmer* der nächsten Runde. Dort sollte darauf geachtet werden, dass andere Kinder in die Kreismitte geholt werden.

Liedtext 2: The seed cycle

Words and music traditional

1. The farmer sows his seeds,
   The farmer sows his seeds,
   Heigh-ho! The Derry o!
   The farmer sows his seeds.

2. The wind begins to blow,
   The wind begins to blow,
   Heigh-ho! The Derry o!
   The wind begins to blow.

3. The rain begins to fall, ...

4. The sun begins to shine, ...

5. The seeds begin to grow, ...

6. The farmer cuts his grain, ...

7. The farmer binds his sheaves, ...

8. And now the harvest's in, ...

Wortschatz
seed: Samen
to sow: säen; *grain:* Korn, Getreide
sheaf (Pl. sheaves) Garbe
harvest: Ernte

Spieltipps

Alle Kinder sitzen im Kreis und stellen *farmer, seeds, wind, rain, sun dar:*

1. The farmer sows his seeds,
   Mit einer Hand weit ausholende Bewegung machen
2. The wind begins to blow, ...
   Mit dem Mund pusten, mit den Armen wedeln
3. The rain begins to fall, ...
   Finger lassen von oben Regentropfen fallen
4. The sun begins to shine, ...
   Beide Arme über dem Kopf zu einem Kreis schließen
5. The seeds begin to grow, ...
   Langsam aufstehen und die Arme hochheben
6. The farmer cuts his grain, ...
   Symbolisch mit einer Sichel schneiden
7. The farmer binds his sheaves, ...
   Arme halten Garben vor den Körper
8. And now the harvest's in, ...
   Freudig die Hände reiben

Variante

Aufstellung: Kreis, *farmer* und *seeds* in der Kreismitte. Die Kinder spielen die verschiedenen Rollen: *farmer, seeds, wind, rain sun.* Mehrere "*seeds*" werden in der 7. Strophe zu einer oder mehreren Garben zusammengebunden. Je nach Gruppengröße kann die Anzahl der Darsteller variieren.

Bingo

Nr. 2-2

Words and music: traditional

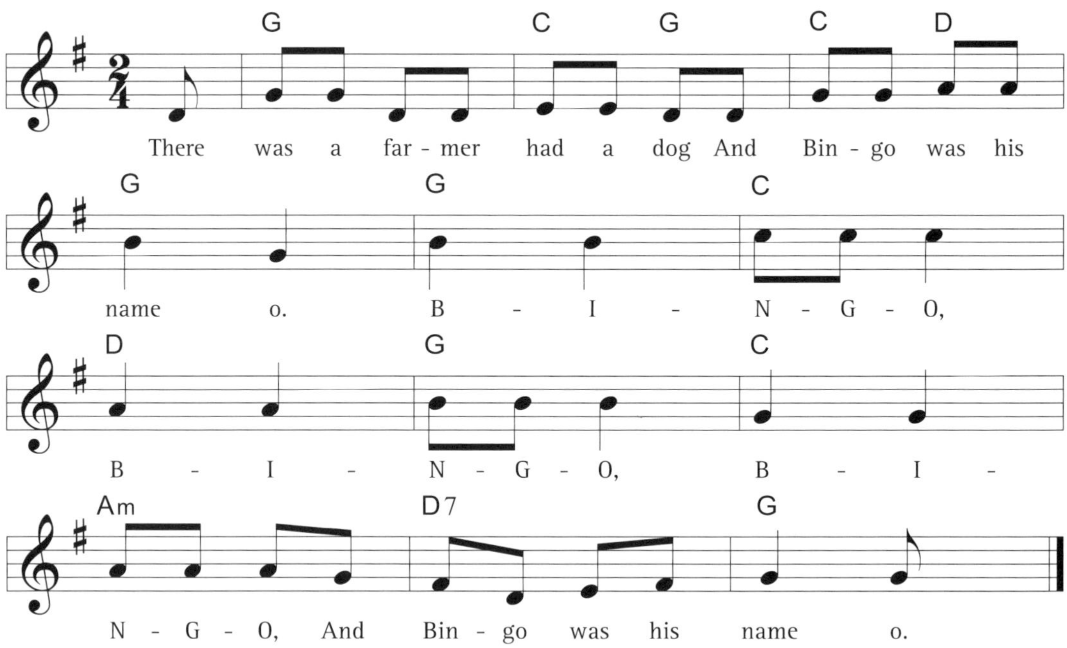

There was a farmer had a dog
And Bingo was his name – o.
B-I-N-G-O, B-I-N-G-O, B-I-N-G-O,
And Bingo was his name – o.

Spieltipps

Das Lied wird insgesamt siebenmal gesungen. Ab dem zweiten Durchgang werden die einzelnen Buchstaben von Bingo durch einen Klatscher (x) ersetzt.

1. Strophe: B-I-N-G-O
2. Strophe: x-I-N-G-O
3. Strophe: x-x-N-G-O
4. Strophe: x-x-x-G-O
5. Strophe: x-x-x-x-O
6. Strophe: x-x-x-x-x
7. Strophe: B-I-N-G-O
   x-x-x-x-x

Hinweis: Die rhythmische Struktur besteht aus zwei Viertel-, zwei Achtel- und dann wieder einem Viertelschlag. Daher sind der vierte und der fünfte Durchgang am schwierigsten. Es empfiehlt sich, das rhythmische Klatschen als Sprechgesang vorher zu üben.

Wenn Sie zur CD singen, beachten Sie bitte, dass zwischen der 6. und 7. Strophe ein Zwischenspiel kommt.

Variante

Die Buchstaben B, I, N, G und O werden während des Singens mit den Fingern in die Luft gemalt. An den entsprechenden Stellen wird das Lied dann langsamer gesungen.

Deutsche Textübertragung

Die Buchstaben werden in der deutschen Fassung natürlich deutsch ausgesprochen.

Bingo

Text: traditionell

Ein Bauer hatte einen Hund
und Bingo war sein Name.
B-I-N-G-O, B-I-N-G-O, B-I-N-G-O,
und Bingo war sein Name.

I had a rooster

Nr. 2-3

Words and music: traditional

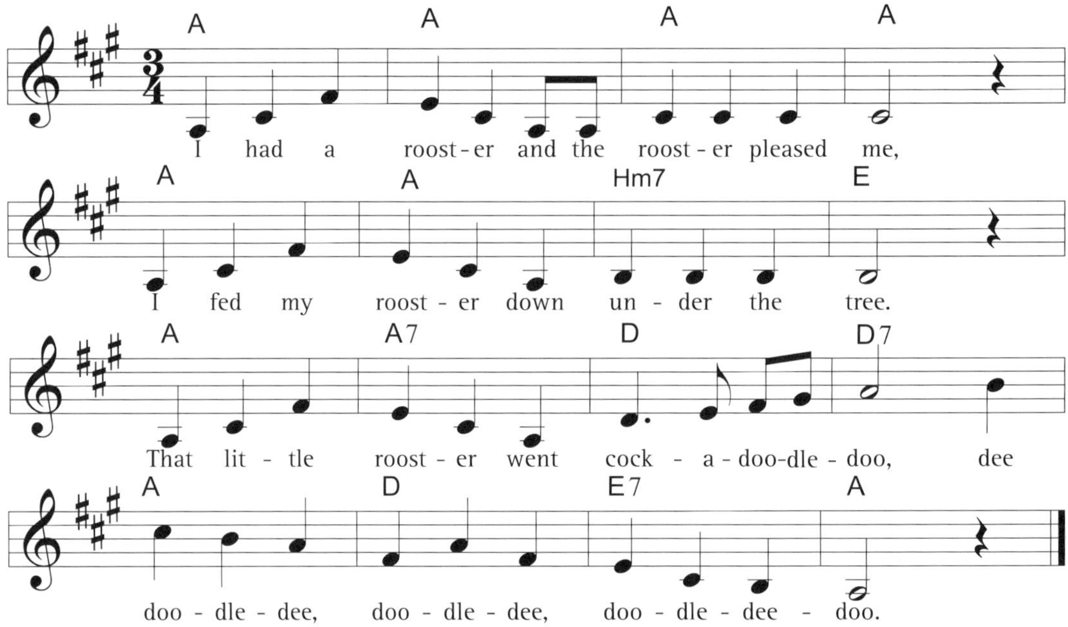

1. I had a rooster and
   the rooster pleased me,
   I fed my rooster down under the tree,
   That little rooster went
   cock-a-doodle-doo,
   Dee doodle-dee, doodle-dee,
   doodle-dee-doo.

2. I had a cat and the cat pleased me,
   I fed my cat down under the tree,
   That little cat went
   miaow, miaow, miaow,
   That little rooster went
   cock-a-doodle-doo,
   Dee doodle-dee, doodle-dee,
   doodle-dee-doo.

3. I had a dog and the dog pleased me,
   I fed my dog down under the tree,
   That little dog went woof, woof, woof,
   That little cat went
   miaow, miaow, miaow,
   That little rooster went
   cock-a-doodle-doo,
   Dee doodle-dee, doodle-dee,
   doodle-dee-doo.

4. I had a duck and the duck pleased me,
   I fed my duck down under the tree,
   That little duck went
   quack, quack, quack,
   That little dog went woof, woof, woof,
   That little cat went
   miaow, miaow, miaow,
   That little rooster went
   cock-a-doodle-doo,
   Dee doodle-dee, doodle-dee,
   doodle-dee-doo.

5. I had a pig and the pig pleased me,
I fed my pig down under the tree,
That little pig went
oink, oink, oink,
That little duck went
quack, quack, quack,
That little dog went woof, woof, woof,
That little cat went
miaow, miaow, miaow,
That little rooster went
cock-a-doodle-doo,
Dee doodle-dee, doodle-dee,
doodle-dee-doo.

Spieltipps

Ein Reihenlied, in dem Tierstimmen imitiert und Tiernamen bzw. Tiergeräusche der vorangegangenen Strophen aneinandergereiht werden. Erfinden Sie gemeinsam mit den Kindern weitere Strophen. Hier ein paar Anregungen:
horse: neigh, neigh, neigh;
donkey: hee-haw, hee-haw, hee-haw;
goose: gobble, gobble, gobble;
chick: chick, chick, chick;
bird: cheep, cheep, cheep.

Wortschatz

rooster: Hahn

to please someone: jemandem gefallen, eine Freude machen

I love the flowers

Nr.2-4

Words and music: traditional

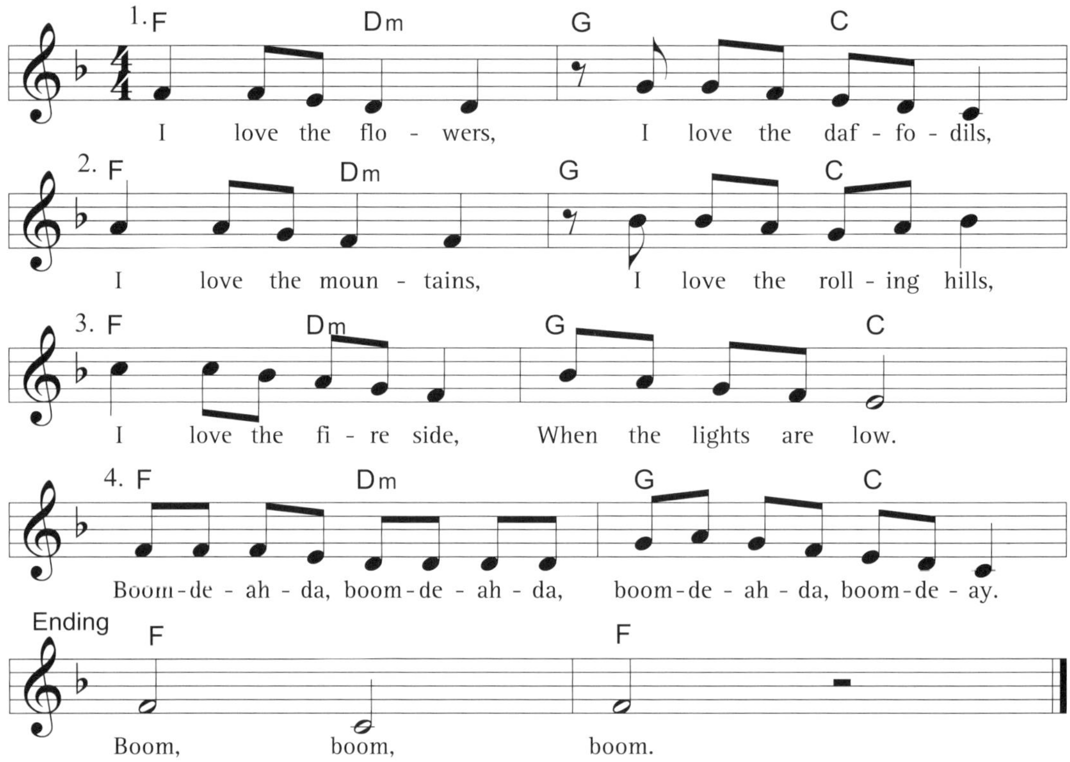

I love the flowers,
I love the daffodils,
I love the mountains,
I love the rolling hills,
I love the fireside,
When the lights are low.
Boom-de-ah-da, boom-de-ah-da,
Boom-de-ah-da, boom-de-ay,
Boom, boom, boom.

Spieltipps

"I love the flowers" kann als zwei-, drei- oder vierstimmiger Kanon gesungen werden. Die Einsätze sind in den Noten gekennzeichnet. Zuerst singen alle das Lied gemeinsam. Dann setzen die jeweiligen Stimmen nacheinander ein und hören in umgekehrter Reihenfolge wieder auf. Die letzte Gruppe singt den Schlussteil *"Boom, boom, boom."*

Wortschatz
daffodil: Osterglocke
rolling hill: sanft ansteigender Hügel
fireside: Kamin

Varianten

Bei einem Lied mit gesungenem Ostinato werden die Kinder in zwei Gruppen geteilt. Eine wiederholt ständig den siebten und achten Takt: "*Boom -de-ah-da, boom-de-ah-da, boom-de-ah-da, boom-de-ay*", die andere singt den restlichen Text: "*I love the flowers, ...*". Der Schluss wird auf ein verabredetes Zeichen gemeinsam gesungen.
Oder es gibt einen neuen Liedtext:

I like the fireworks

Words: Wolfgang E. Hering / Brigitte Schanz-Hering, music: traditional

1. I like the fireworks –
   Bonfire burning high;
   I like the rockets
   Zooming into the sky.
   I like the sparklers' lights
   On dark November nights.
   Boom-de-ah-da, boom-de-ah-da,
   Boom-de-ah-da, boom-de-ay.

2. I like the Catherine wheels
   Whirling brightly round and round.
   I like the crackers,
   Bang – can't you hear their sound?
   I like the Bengal lights
   On dark November nights.
   Boom-de-ah-da, boom-de-ah-da,
   Boom-de-ah-da, boom-de-ay.
   Boom, boom, boom.

Wortschatz
fireworks (Pl.): Feuerwerk
bonfire: Freudenfeuer
rocket: hier: Feuerwerksrakete
to zoom: rasen, in die Höhe schießen
sparkler: Wunderkerze
Catherine wheel: Feuerrad

In dieser Variante lässt sich das Lied in verschiedenen Monaten einsetzen:
wenn es in Großbritannien zu Guy Fawkes' Night (oder auch Bonfire Night) ordentlich kracht. Guy Fawkes, ein Katholik, versuchte am 5. 11. 1605 das englische Parlament in die Luft zu sprengen. Der Anschlag wurde vereitelt, Guy Fawkes verhaftet und gehängt. Daran erinnert der Brauch, am 5. November große Feuer (bonfire) – ähnlich unseren St. Martins-Feuern – und Feuerwerke zu entzünden. Dies wird in Großbritannien meist von den Gemeindeverwaltungen organisiert. Zu Silvester gibt es traditionsgemäß kein Feuerwerk.
In den USA wird Feuerwerk hauptsächlich am Independence Day (4. Juli) abgebrannt. Auch zu dieser Zeit lässt sich das Lied sinnvoll einsetzen.
Natürlich passt das Lied auch zu Beginn eines Neuen Jahres, das in Deutschland mit Krachern und Feuerwerk begrüßt wird.

Down by the bay

Nr. 2-5

Words: adapted with new words by Brigitte Schanz-Hering – music: traditional

1. Down by the bay, where the
   watermelons grow,
   Back to my home, I dare not go,
   For if I do, my mother will say,
   "Did you ever see a cow
   with a green eyebrow,
   Down by the bay?"

2. Down by the bay, where the
   watermelons grow,
   Back to my home, I dare not go,
   For if I do, my mother will say,
   "Did you ever see a fly, wearing a tie,
   Down by the bay?"

3. Down by the bay, where the
   watermelons grow,
   Back to my home, I dare not go,
   For if I do, my mother will say,
   "Did you ever see a bear,
   combing his hair,
   Down by the bay?"

Wortschatz
dare: wagen
polka dot tail: gepunkteter Schwanz

Spieltipps

Bei "*Call and response*" werden die Kinder in zwei Gruppen aufgeteilt, die den Text wie folgt singen:

Gruppe 1: *Down by the bay,*
Gruppe 2: *Down by the bay,*
Gruppe1: *Where the watermelons grow,*
Gruppe 2. *Where the watermelons grow,*
Gruppe 1: *Back to my home,*
Gruppe 2: *Back to my home,*
Gruppe 1: *I dare not go,*
Gruppe 2. *I dare not go,*
Gruppe 1: *For if I do,*
Gruppe 2: *For if I do,*
Gruppe 1: *My mother will say,*
Gruppe 2: *My mother will say,*
Gruppe 1 + 2: *"Did you ever see a cow with a green eyebrow, down by the bay?"*

Varianten

Aus der Vielzahl weiterer Strophen hier zwei Beispiele:

Down by the bay, where the watermelons grow,
Back to my home I dare not go,
For if I do, my mother will say,
"Did you ever see a whale with a polka dot tail,
Down by the bay?"

Down by the bay, where the watermelons grow,
Back to my home I dare not go,
For if I do, my mother will say,
"Did you ever see a bee with a sunburned knee,
Down by the bay?"

Fortgeschrittene

... können selbst Strophen für dieses Nonsense-Lied erfinden. Nur die vierte Zeile braucht mit einem neuen Text versehen zu werden, z.B.: *"Did you ever see a dog, kissing a frog?"* oder *"Did you ever see a cat, dancing with a rat?"*

Deutscher Text

Diese Übertragung ist auf der CD „Wolfgang Hering: Spiellieder mit Pfiff“ (Universal) zu hören.

Und das Echo kommt zurück

Text: Wolfgang Hering

1. Am großen **Berg**, (Am großen Berg),
   hoch überm **Tal**, (hoch überm Tal),
   da war ich **schon**, (da war ich schon),
   sehr viele **Mal**, (sehr viele Mal).
   Da gibt's die **Schlucht**, (Da
   gibt's die Schlucht),
   wo es richtig **hallt**, (wo es richtig hallt),
   und da **ruf** ich einmal **kurz**,
   warte **ei**nen Augen**blick**,
   und das Echo kommt zu**rück**.

2. Dort singt manch**mal**
   von Fall zu **Fall**
   auf einem **Baum**
   eine Nachti**gall**.
   Sie singt sehr **hoch**,
   ganz wunder**bar**.
   Und ich **hö**re ihren **Ton**, warte
   einen Augen**blick**,
   und das Echo kommt zu**rück**.

3. Ganz selten **stapft**
   ein Bär dort **rum**.
   Er brummt ganz **tief**
   und ist nicht **dumm**.
   Das hört sich **dann**
   ganz lustig **an**.
   Und ich **hö**re das Ge**brumm**,
   warte **ei**nen Augen**blick**,
   und das Echo kommt zu**rück**.

Lazing in the summer sun

Nr. 2-6

Words and music: traditional

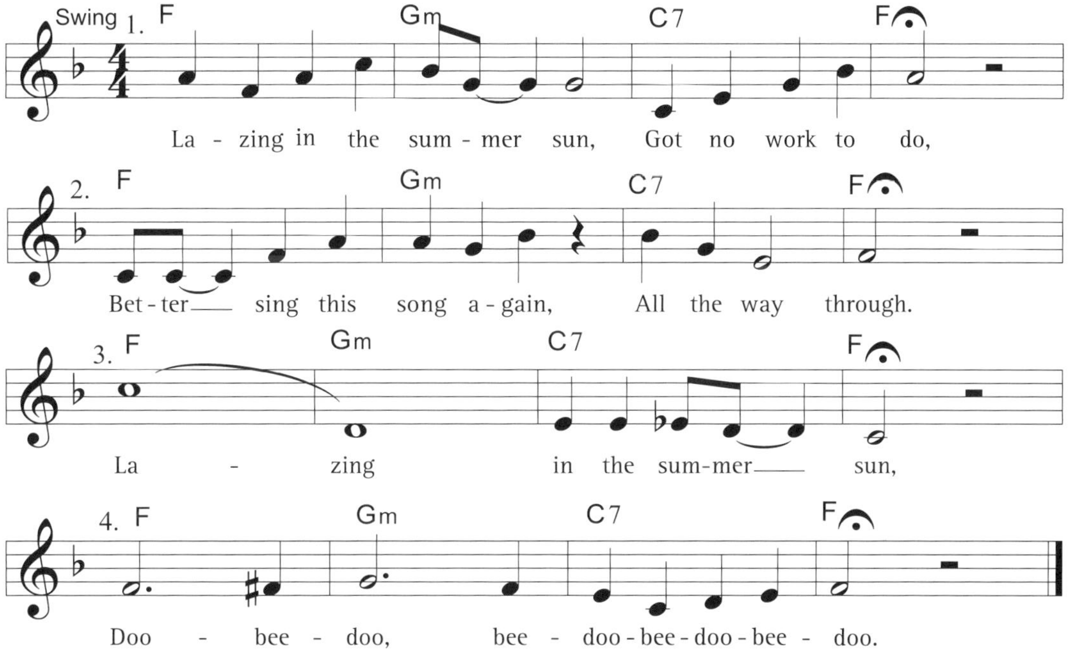

Lazing in the summer sun,
Got no work to do,
Better sing this song again,
All the way through.
Lazing in the summer sun,
Doo-bee-doo, bee-doo-bee-doo-bee-doo.

Spieltipps

Ein ganz "*relaxter*" Kanon fürs "summer-feeling". Der Kanon wird vierstimmig gesungen. Die Einsätze sind in der Notierung mit Zahlen gekennzeichnet. Den letzten Teil *"Doo-bee-doo ..."* kann auch eine Gruppe als Ostinato-Begleitung durchhalten.

Im „Offbeat" können die Kinder jeweils auf den zweiten und vierten Taktschlag mitschnippsen:

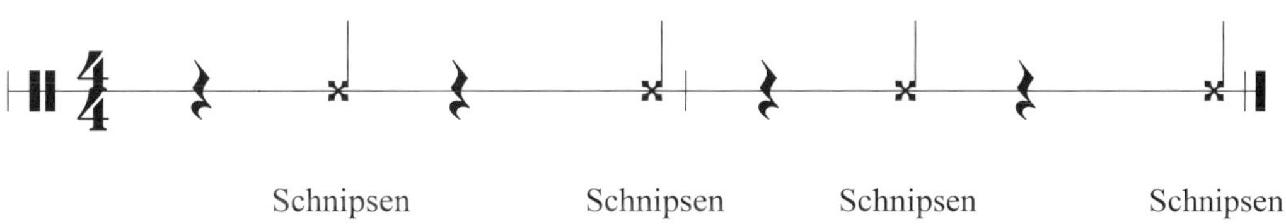

Deutsche Textübertragung

Lieg ich in der Sonne rum

Text: Wolfgang Hering

Lieg ich in der Sonne rum
um mich auszuruhn,
singe ich ein kleines Lied
und muss das öfter tun.
Müde, lieg ich da so rum.
Dubidu, bidubidubidu.

In winter

Nr. 2-7

Words and music: Robert Metcalf

1. In winter,
See the snowflakes falling
by your window,
See the smile of children
when their cheeks glow.
When winter,
When winter is here.

2. In winter,
Hear the crunch of footsteps
on the hard snow,
Hear the keyholes whistle
when the wind blows,
When winter,
When winter is here.

Sometimes ice and wind and sleet
Freeze your hands and wet your feet,
Make you want to stay indoors,
But I hate it when it thaws,
In winter.

3. In winter,
Feel the cold air biting on your red nose,
Feel the warmth of embers
when a fire glows,
When winter,
When winter is here.

Sometimes ice and wind and sleet
Freeze your hands and wet your feet,
Make you want to stay indoors,
But I hate it when it thaws,
In winter
In winter,
Yes, winter is here.

Wortschatz
crunch: Knirschen
sleet: Eisregen
to thaw: tauen
embers (Pl.): Glut

Spieltipps

Ein Lied zum Zuhören oder Singen mit "winter-feeling". Die Leitung oder eine kleine Gruppe kann das Lied singen, oder Sie benutzen die Begleit-CD. Alle zusammen singen nur die letzten Zeilen der Strophen *When winter is here* und *Yes, winter is here.* Die Kinder können den Liedtext in Bildern darstellen. Dabei werden die einzelnen Strophen auf Gruppen verteilt.

Fortgeschrittene

Mit Kindern, die schon länger Englischunterricht haben und bereits auf Englisch schreiben, können Sie eine Hörverständnisübung durchführen und den *cloze text* (s. u.) bearbeiten lassen. Dabei wird das Lied zunächst ohne Text gehört. Sie erklären unbekannte Vokabeln, die für das Textverständnis wichtig sind. Dann erhalten die Kinder den *cloze text.* Das Lied wird jetzt zweimal von der CD präsentiert und dabei der Text vervollständigt. Im Anschluss wird verglichen, korrigiert und das Lied noch einmal gehört und gesungen.

In winter – Cloze text

Listen to the song and fill in the missing words.

In winter,
See the ___________ falling by your window,
_______________ the smiles of children when their cheeks glow.
When winter,
When _______________ is here.

In winter,
Hear the crunch of footsteps
on the hard _______________,
_______________ the keyholes whistle when the wind blows,
When winter,
When _______________ is here.

Sometimes _____________ and wind and sleet
Freeze your _____________ and wet your feet,
Make you want to stay indoors,
But I hate it when it thaws,
In winter.

In winter,
Feel the cold air biting on your red nose,
Feel the warmth of embers when a fire glows,
When winter,
When _______________ is here.

Sometimes _____________ and wind and sleet
Freeze your _____________ and wet your feet,
Make you want to stay indoors,
But I hate it when it thaws,
In winter
In winter,
Yes, _______________ is here.

Deutsche Textübertragung

Im Winter

Text/Musik: Robert Metcalf

1. Im Winter
kriegst du kalte Füße, rote Ohren.
Bäume haben Blätter längst verloren,
denn Winter,
denn Winter ist hier.

2. Im Winter,
fliegen alle Vögel in die Ferne.
Menschenkinder suchen nun die Wärme,
denn Winter,
denn Winter ist hier.

Jetzt kommt Frost und Schnee und Eis.
Alles wird ganz still und weiß.
Wie der Schneemann lustig schaut!
Aber nicht, wenn alles taut
im Winter!

3. Im Winter
ist es morgens dunkel,
wenn du aufstehst,
brauchst 'nen dicken Mantel,
wenn du 'rausgehst,
denn Winter,
denn Winter ist hier.

Jetzt kommt Frost und Schnee und Eis.
Alles wird ganz still und weiß.
Wie der Schneemann lustig schaut!
Aber nicht, wenn alles taut
im Winter!
Ja Winter,
der Winter ist hier.

Oats and beans

Nr. 2-8

Words and music: traditional

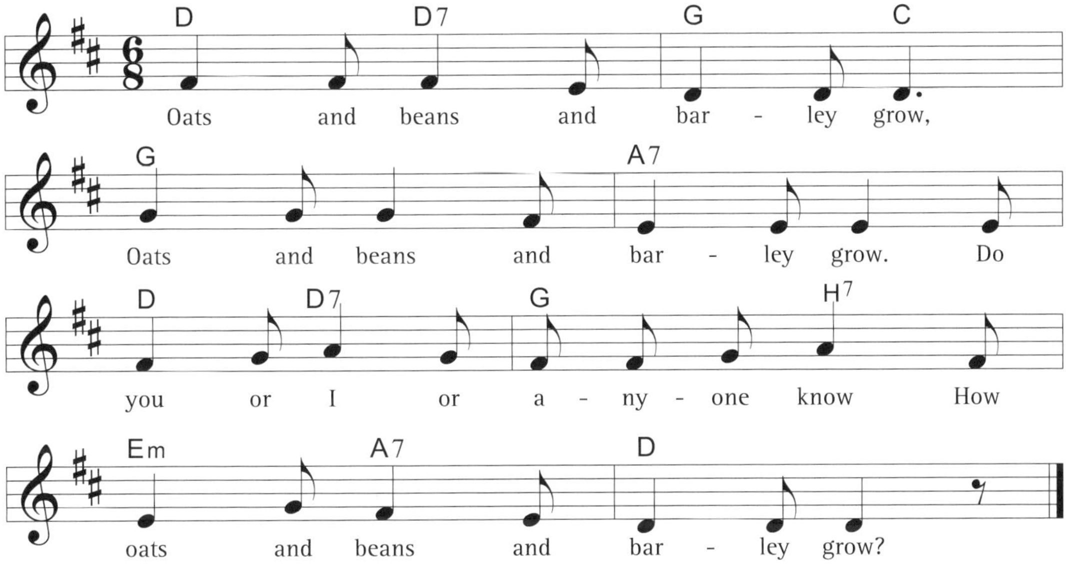

1. Oats and beans and barley grow,
   Oats and beans and barley grow.
   Do you or I or anyone know
   How oats and beans and barley grow?

2. First the farmer sows his seed,
   Then he stands and takes his ease.
   He stamps his feet and claps his hands
   And turns around to view the land.

3. Waiting for a partner,
   Waiting for a partner,
   Open the ring and take one in,
   Then we'll happily dance and sing.

Wortschatz

oat: Hafer

barley: Gerste

to take one's ease: sich entspannen; es sich gemütlich machen

Spieltipps

Im Kreis an den Händen gefasst aufstellen, der *farmer* (Mädchen oder Junge) steht in der Mitte.

Strophe 1: Die Kinder gehen an den Händen gefasst im Kreis. (gegen den Uhrzeigersinn. Der *farmer* geht im Kreisinneren in entgegengesetzter Richtung.

Strophe 2: Alle stehen im Kreis. Der *farmer* führt die Handlungen, die in der Strophe benannt werden, pantomimisch aus: Saatgut ausstreuen, stehenbleiben und Hände an die Hüften legen, mit den Füßen aufstampfen und in die Hände klatschen, sich umdrehen, d mit der Hand die Augen beschatten und Ausschau halten.

Strophe 3: Im Kreis stehend in die Hände klatschen. Der *farmer* sucht sich dabei aus dem Kreis ein anderes Kind, das in der nächsten Runde zum *farmer wird.*

5. My hat, it has three corners – Verrückte Lieder

The rattlin' bog

Nr. 2-9

Words and music: traditional Irish

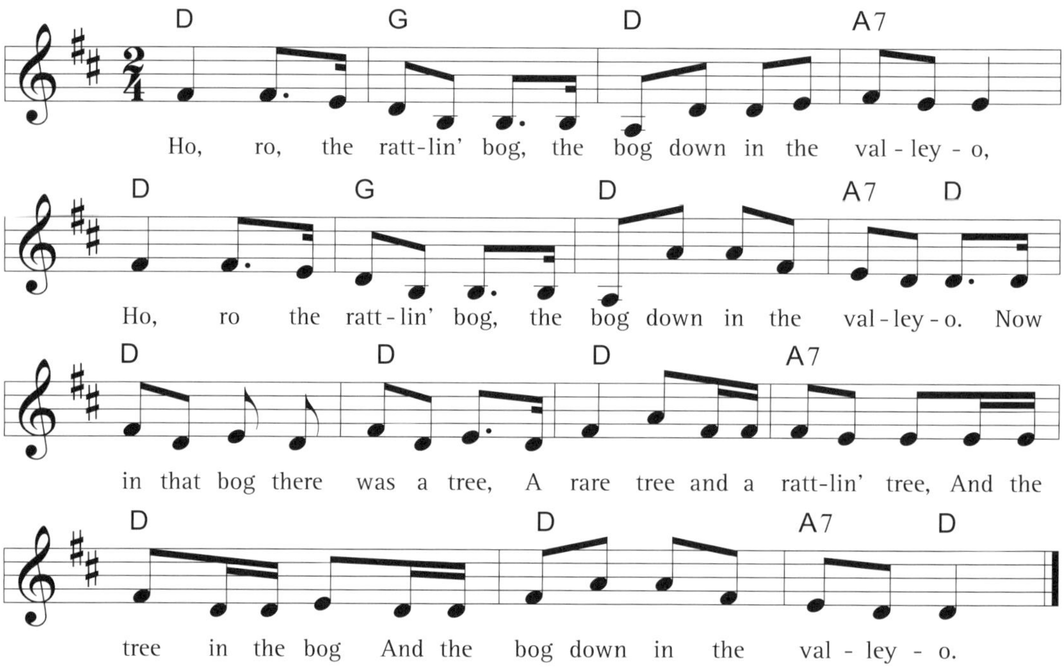

Chorus:
Ho, ro, the rattlin' bog, the
bog down in the valley-o,
Ho, ro the rattlin' bog, the bog
down in the valley-o.

1. Now in that bog there was a tree,
A rare tree and a rattlin' tree,
And the tree in the bog
And the bog down in the valley-o.

2. Now on that tree there was a branch,
A rare branch and a rattlin' branch,
And the branch on the tree
And the tree in the bog,
And the bog down in the valley-o.

3. Now on that branch there was a limb,
A rare limb and a rattlin' limb,
And the limb on the branch
And the branch on the tree
And the tree in the bog
And the bog down in the valley-o.

4. Now on that limb there was a nest,
A rare nest and a rattlin' nest,
And the nest on the limb
And the limb on the branch
And the branch on the tree
And the tree in the bog
And the bog down in the valley-o.

5. Now in that nest there was a bird,
A rare bird and a rattlin' bird,
And the bird in the nest
And the nest on the limb
And the limb on the branch
And the branch on the tree
And the tree in the bog
And the bog down in the valley-o.

6. Now on that bird there was a feather,
A rare feather and a rattlin' feather,
And the feather on the bird
And the bird in the nest
And the nest on the limb
And the limb on the branch
And the branch on the tree
And the tree in the bog
And the bog down in the valley-o.

7. Now on that feather there was a bug,
A rare bug and a rattlin' bug,
And the bug on the feather
And the feather on the bird
And the bird in the nest
And the nest on the limb
And the limb on the branch
And the branch on the tree
And the tree in the bog
And the bog down in the valley-o.

Wortschatz
rattling: klirrend, klappernd, rasselnd
bog: Sumpf, Moor
branch: Zweig
limb: Ast
bug: Wanze

Spieltipps

Dieser irische Folksong ist ein klassisches Reihenlied, bei dem in jeder Strophe etwas Neues hinzugefügt wird. Für eine Aufführung, z. B. beim Sommerfest, kann das Lied in Szene gesetzt werden. Die Kinder stellen aus Pappe einen großen Baum (ca. 2 m) und die einzelnen Gegenstände (Tiere) her. Der Baum wird aufgestellt oder an der Wand befestigt. In jeder Strophe wird der jeweilige, in der Strophe neu vorkommende Gegenstand (bzw. das Tier) jeweils von einem anderen Kind mit Klebestreifen am Baum befestigt. Diese Kinder zeigen im weiteren Verlauf der Strophe auch auf die anderen Gegenstände.

To-do at the zoo

Nr. 2-10

Words and music: Bernhard Hering / Wolfgang E. Hering / Bernd Meyerholz; translation Robert Metcalf

Chorus:
What a to-do at the zoo!
What a to-do at the zoo!

1. Last Sunday morning we
   walked down to the zoo.
   A camel at the entrance charged
   us ten pounds twenty-two.
   Was this all for publicity or just a hoax?
   And then an ape came up to us
   and started telling jokes.

   Chorus

2. A zebra had just had a bath
   clearly much too hot.
   His stripes had melted all away,
   but he just said. "So what?
   I'll simply call the painter
   up." – And he came,
   And in ten minutes painted on
   that zebra's stripes again.

   Chorus

3. A rhinoceros with toothache
   was crying out in pain.
   A dentist came and with the
   help of an enormous crane
   Performed an operation, and
   when that was done
   The rhino said: "Oh, thanks a
   lot, I found that rather fun!"
   Just round the corner sat
   an elephant in tears.
   I asked him what the matter was
   and he said: "Oh, for years
   I've tried so hard to diet,
   but I'm such a funk.
   I always keep a bar of chocolate
   hidden up my trunk."

   Chorus

4. A hairdresser was cutting off
   the lion's mighty mane.
   The lioness said: "Leo, darling,
   are you quite insane?"
   He now looked rather silly,
   hardly dangerous.
   But when he roared he scared
   the living daylight out of us.

   Chorus

5. Down at the duck pond a
   dance was under way.
   The Pink Flamingo Rock Band
   had just started to play.
   An old giraffe was dancing
   with a kangaroo
   Who said: "I haven't danced
   like this since 1982!"

   Chorus

6. The zoo director's office
   was just like the zoo.
   Two monkeys danced upon the
   desk with a noisy gnu.
   A crocodile sat reading in a bowler hat.
   We thought it time to go back
   home – we'd had enough of that!

   Chorus

Wortschatz
What a to-do: Was für ein Theater
to charge: (Preis) verlangen
hoax: Falschmeldung, Scherz
to diet: eine Diät machen
funk: (umgangssprachlich) Angsthase, Feigling
trunk: Rüssel
mane: Mähne
insane: wahnsinnig, verrückt, geisteskrank
to scare the (living) daylights out of someone: (umgangssprachlich) jemanden zu Tode erschrecken
bowler hat: Melone (steifer, runder Filzhut)

Spieltipps

Dieses Lied ist eine Übersetzung von „Der verrückte Zoo" der Gruppe Trio Kunterbunt, zu finden auf der CD „Trio Kunterbunt: Sternenfänger" (Universal). Der englische Text ist nicht ganz einfach, und es bedarf einiger Worterklärungen. Das Lied passt zum bei Kindern sehr beliebten Thema Tiere.

Im Anfangsunterricht wird das Lied vorgespielt; die Kinder singen nur den Refrain mit. In fortgeschrittenen Lerngruppen können die Kinder selbst singen. Dabei empfiehlt es sich, wegen des langen Textes, sechs oder sieben Gruppen zu bilden. Die dritte Strophe wird von zwei Gruppen übernommen. Der Text sollte zunächst nur im Rhythmus gesprochen werden, bevor er gesungen werden kann.

Die Kinder können die verschiedenen Szenen aus dem Lied bildlich darstellen. Die Bilder werden im Raum aufgehängt, und wenn das Lied vorgespielt oder gesungen wird, zeigen sie auf die entsprechenden Bilder.

Deutscher Text

Der verrückte Zoo

Text / Musik: Wolfgang Hering / Bernhard Hering / Bernd Meyerholz

Intro:
Was ist im Zoo bloß los?

1. Sonntags sind wir alle in
den Zoo spaziert.
Am Eingang saß ein Nashorn
'rum, hat Eintrittsgeld kassiert.
Wir dachten, das ist wieder
so ein Werbegag.
Da nahm uns glatt ein Papagei
die Süßigkeiten weg.

Refrain
Was ist im Zoo bloß los?
Was ist im Zoo bloß los?

2. Zwei kleine Zebras badeten zu heiß,
schon warn die schwarzen Streifen weg,
die Zebras warn fast weiß.
Da kam ein Maler und der
fing zu malen an.
Mit schwarzer Farbe malte er
die Streifen wieder dran.

3. Das Nilpferd war am Jammern,
ihm schmerzte so ein Zahn.
Da kam ein Zahnarzt angebraust
mit einem großen Kran.
Er sprang mit seiner Spritze
in das große Maul.
Es gab 'nen Ruck, der Zahn war raus –
was war der auch so faul.

4. An der nächsten Ecke, da
stand Jumbo der Elefant.
Er sah ganz dünn und mager
aus, richtig abgespannt.
Und Jumbo sagte uns, er
macht grad 'ne Diät,
bloß dass es ihm im Traum jetzt
meist um Schokolade geht.

5. Leo Löwe – so ein Quatsch –,
der saß echt beim Friseur,
nur als die Mähne ab war, da
war's kein Löwe mehr.
Er sah ganz harmlos aus – man
hat ihn kaum erkannt,
doch als er husten musste, da
sind alle weggerannt.

6. Wir sahn den superrosaroten
Zoogesangsverein.
Die Flamingos spielten Tanzmusik –
oh yeah – auf einem Bein.
Am Teich da ging 'ne
tierisch gute Party ab.
Die Enten tanzten Rock 'n' Roll
und keiner machte schlapp.

7. Beim Zoodirektor Jacob
warn auch die Tiere los.
Der Mann saß im Papierkorb drin,
drei Äffchen auf dem Schoß.
Und hinter seinem Schreibtisch
grinst ein Krokodil.
Da sind wir abgehaun, denn das,
das war uns echt zu viel.

Zumindest bei der deutschen Fassung, bei der sich die Kinder nicht so stark auf den Text konzentrieren müssen, wäre es einen Versuch wert, den Refrain zwei- oder dreistimmig zu singen.

My hat, it has three corners

Nr. 2-11

Words and music: traditional

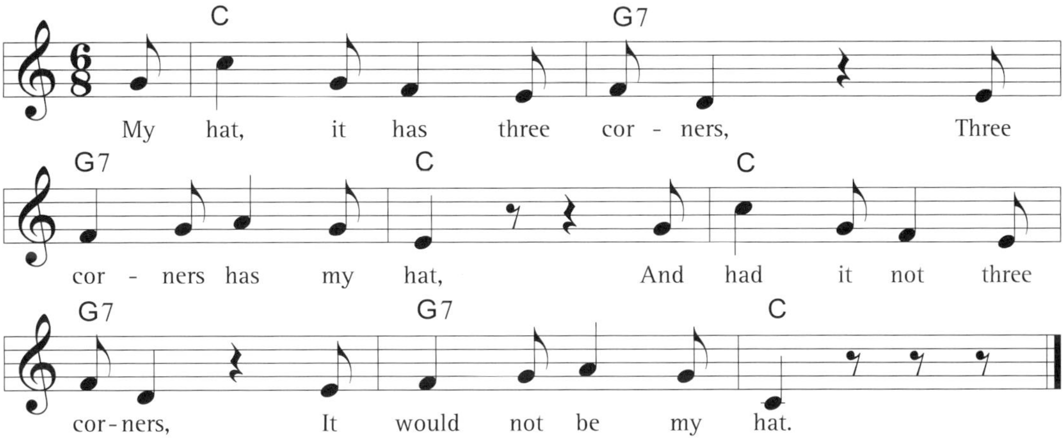

My hat, it has three corners,
Three corners has my hat,
And had it not three corners,
It would not be my hat.

Spieltipps

Die Kinder machen folgende Bewegungen:

Text:	Bewegung:
My	*Auf sich selbst zeigen*
hat	*Mit der Hand auf den Kopf fassen*
three	*Mit den Fingern die Zahl drei zeigen*
corners	*Arm beugen und mit einem Finger den Ellbogen berühren*
not	*Kopf schütteln*

Variante

Bewegungslied mit Auslassungen:

- Einmal mit Bewegungen durchsingen
- Beim zweiten Durchsingen *hat* weglassen, die entsprechende Bewegung aber ausführen
- Beim dritten Durchgang *hat* und *three* weglassen; die Bewegungen ausführen
- Dann *hat* und *three* und *corners* weglassen; die Bewegungen ausführen
- Im fünften Durchgang "*my*" und "*hat*" und "*three*" und "*corners*" weglassen; die Bewegungen ausführen
- Zum Schluss "*my*" und "*hat*" und "*three*" und "*corners*" und "*not*" weglassen; die Bewegungen ausführen

Deutscher Text

Eine deutsche Fassung des bekannten Titels finden Sie auf der CD „Wolfgang Hering / Bernd Meyerholz: Riesengroße Zwerge" (Universal).

Mein Hut, der hat drei Ecken

überliefert

Mein **Hut**, der **hat** drei Ecken,
drei Ecken **hat** mein **Hut**.
Und **hätt** er **nicht** drei Ecken,
so **wär's** auch **nicht** mein Hut

Muscles

Nr. 2-12

Words: Bernhard Hering / Wolfgang E. Hering / Bernd Meyerholz, translation Robert Metcalf / Brigitte Schanz-Hering

1. Skinny Alexander,
Plays with his chest expander,
And little Josephine
Bounces on the trampoline.
And when I'm in my P. E. class
I leap and skip and run so fast
That even Dad – it's plain to see –
Gets tired out just watching me.

Chorus:
Muscles must be hard, kids,
Shouldn't melt like lard, kids,
Muscles must be really hard,
Not made of lard,
Not made of lard.

2. Shy and timid Ludo
Practises his judo,
Pale and weedy Marty
Tries to do karate.
And one thing makes me really laugh –
Susan swimming in the bath.
She dives down under for a while
And comes up with a toothy smile.

3. The only sport for Dennis
Is obvioulsy tennis,
While his younger sister Pat
Can't sleep without a ping-pong bat.
And every day at six o'clock
Judy jogs around the block,
So early in the morning
When you and I are yawning.

4. My nextdoor neigbour Jane
Plays football even in the rain.
Whizzing down the road goes Mike
On his rusty, squeaky trike.
Cheeky Katy and her mates
Rush around on roller skates,
And even old Aunt Kitty
Skates through the city.

Wortschatz
skinny: dünn, mager
chest expander: Expander
to bounce: (auf und ab) springen, hüpfen
P. E.: Kurzform für *Physical Education*, Sportunterricht
to leap: (weit springen
plain: (hier) klar, deutlich
lard: Schweineschmalz
weedy: schmächtig
toothy smile: ein breites Lächeln
to whizz: flitzen
trike: Dreirad
cheeky: frech, naseweis

Spieltipps

Die Kinder hören das Lied und stellen die verschiedenen Aktivitäten dar. 14 Rollen können verteilt werden, zusammen mit *Katy's mates* ergibt das 18–20 Akteure. In kleineren Gruppen kann ein Kind mehrere Rollen übernehmen. Spielen Sie das Lied vom Tonträger vor, gute Gruppen können auch die Strophen eigenständig singen. Den Chorus singen alle mit. Dazu gehören folgende Bewegungen:

Muscles must be hard, kids,
Arme hoch und „Muckis" zeigen
Shouldn't melt like lard, kids,
Arme schlaff runterhängen lassen
Muscles must be really hard,
Arme hoch und „Muckis" zeigen
Not made of lard, not made of lard.
Arme schlaff runterhängen lassen

Deutscher Text

Dieses Stück der Kinderlied-Gruppe Trio Kunterbunt ist zu finden auf der CD „Trio Kunterbunt: Marzipan beim Fahrradfahrn“ (Universal).

Muskeln müssen stark sein

Text / Musik: Bernhard Hering /
Wolfgang E. Hering / Bernd Meyerholz

1. Der dünne Alexander
kauft sich einen Expander,
und mein Freund, der Fridolin,
der springt seit gestern Trampolin.
Und ich mach, bis ich schwitze,
sechshundert Liegestütze.
Da kriegt ja schon mein Vater
vom Zuschaun Muskelkater.

Refrain:
Muskeln müssen stark sein,
die dürfen nicht aus Quark sein.
Muskeln müssen stark sein,
bloß nicht aus Quark,
bloß nicht aus Quark.

2. Der kleine blasse Udo
trainiert seit neustem Judo,
und die schüchterne Beate,
die schreit laut beim Karate,
und jetzt auch die Susanne
taucht in der Badewanne
frisch und immer munter
bis auf den Grund hinunter.

3. Natürlich spielt der Dennis
am allerliebsten Tennis,
und es schießt der Peter
beim Fußball den Elfmeter,
dabei sieht er die Marion,
die rennt im Fußballstadion
seit mehr als einer Stunde
immer in der Runde.
Muskeln müssen ...

4. Immer wenn er frei hat,
rast Karl auf seinem Dreirad,
und auch der dicke Edgar
fährt mit 80 auf'm Kettcar.
Selbst meine Tante Frieda
probiert es immer wieda.
Sie bleibt bis abends spät fort
und übt auf meinem Skateboard.

Weitere Strophen:

Die wirklich süße Helen
jongliert mit hundert Bällen.
Und guck mal da, der kleine Fred,
der zeigt dir, wie ein Kopfstand geht.
Weil sie nichts andres da hat,
fährt Jutta heute Fahrrad
Und Opa fragt ganz cool: „Wie geht's?“
Dann rast er los auf Inline-Skates.

Ich seh den gut gelaunten Mike
auf seinem neuen Mountainbike.
Er fährt bergrauf und runter
mit seinem Onkel Gunter.
Und dann die kleine Lucie
fährt Einrad –, ja, das tut sie.
Was meint ihr, was der Ben hat?
Ein schönes rotes Rennrad!

Bank of America

Nr. 2-13

Words and music: tradtitional

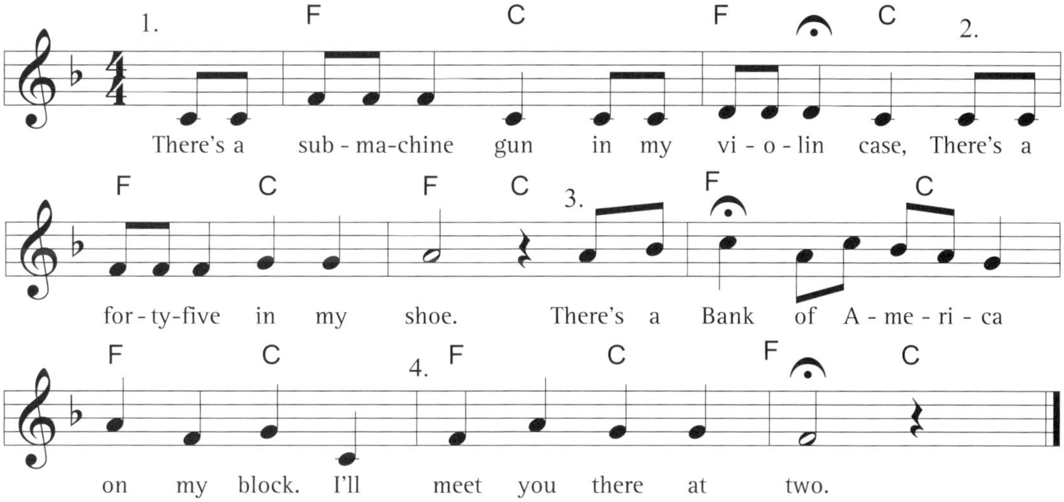

There's a submachine gun in my violin case,
There's a forty-five in my shoe.
There's a bank of America on my block.
I'll meet you there at two.

Wortschatz
submachine gun: Maschinenpistole
forty-five: Pistole Kaliber 45

Spieltipps

Das Lied mit diesem frechen Text über einen geplanten Bankraub wird als Kanon gesungen. Die Einsätze sind im Notensystem gekennzeichnet.

Variante

Je nach Anzahl der Kinder werden Gruppen gebildet, der Raum ist verdunkelt. Jede Gruppe bestimmt einen Boss ihrer „Gang". Diese(r) bekommt eine Taschenlampe. Mit dem Liedeinsatz beginnt der Boss, durch den Raum zu gehen. Seine „Gang" folgt ihm/ihr. Erst laufen zwei, im Kanon vier Gruppen herum.

The ghosts of the sea

Nr. 2-14

Words and music: Bernhard Hering / Wolfgang E. Hering / Bernd Meyerholz – translation: Robert Metcalf / Brigitte Schanz-Hering

1. A ship is sailing on the sea,
   A bell begins to toll;
   The second mate's on watch tonight,
   The mighty waters roll.
   The crew are sleeping in their bunks;
   What is this eerie light?
   A greenish something on the bow –
   Which echoes in the night.

   Chorus:
   It goes: tock, tock, tock,
   tock, tock, tock, tock
   And hisses: sssssssssssssss and
   Suddenly it goes: ooooooooagh!
   But don't go looking for the ghosts,
   You won't see where they are.

2. The cook is dreaming of the girl
   He left back at the Cape.
   He's woken by a groaning noise,
   And thinks he sees a shape.
   And with a scream, his hair on end
   He leaps out of his bed;
   A voice says, "Don't make such a din –
   D'you want to wake the dead?"

3. The captain and his daring crew,
   Are standing now agape;
   Another ghost has just appeared,
   Of quite a frightening shape.
   The ship goes up, the ship goes down,
   The captain with a frown,
   Says, "Lads, I bid you all farewell;
   I fear we all shall drown."

4. Then all at once the sea is calm,
   The sky begins to clear,
   The ghosts appear at the door,
   The crew are struck with fear.
   "We're sorry, but you're much too loud,
   This wailing must now cease;
   We're going to find another ship,
   We want to rest in peace."

Wortschatz

to toll: läuten
mate: Maat
to be on watch: auf der Wache sein
to roll: hier: sich wälzen, schlingern
bunk: Koje
eerie: unheimlich, gespenstig, gruselig
bow: Bug
groaning: ächzend, stöhnend
shape: Gestalt
his hair on end: die Haare standen ihm zu Berge
to leap: springen
din: Krach, Lärm, Getöse
daring: tollkühn, wagemutig
to stand agape: mit offenem Mund dastehen
frown: Stirnrunzeln
struck with fear: angsterfüllt, von Furcht ergriffen
wailing: Jammern, Geheul, Wehklagen
to cease: aufhören

Spieltipps

Die Kinder stellen Wellen dar. Sie klatschen im Rhythmus der Musik einmal zur rechten und einmal zur linken Seiten. Sie können dies auf den ersten oder – oder schwieriger – auf den zweiten Taktschlag ausführen.

1.

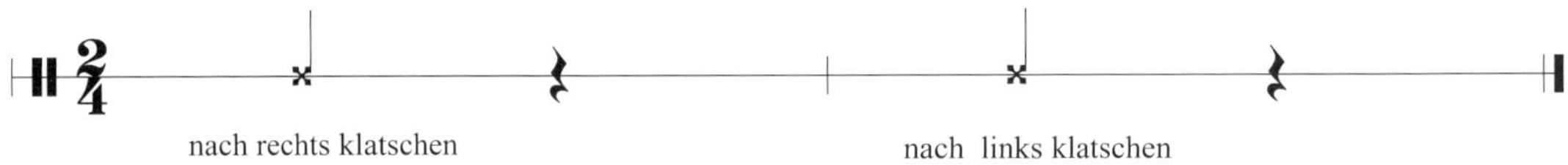

Oder:

2.

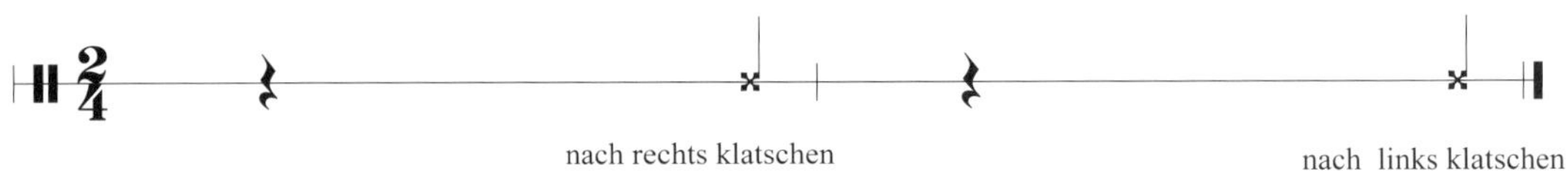

Während des Refrains wird das Klatschen eingestellt, und es erscheinen die Gespenster. Mit der rechten Faust schlagen sie bei *„tock-tock-tock“* in die linke Handfläche. Dann zischen sie auf *„Ssssss“* und wackeln mit den Fingern. Auf *„Ooooooagh“* stoßen sie laute Gespenster-Schreie aus und bewegen ihre Arme bedrohlich. Während der beiden letzten Zeilen des Refrains sind alle ganz ruhig und konzentrieren sich darauf, dass das Klatschen wieder aufgenommen wird.

Varianten

Die Kinder setzen das Lied in Szene. Folgende Rollen werden verteilt: Maat auf der Wache, Koch, Kapitän, ein Geist, Mannschaft. Während des Refrains erscheinen noch einige Gespenster.

Geräusche-Orchester: Lesen Sie den Text des Liedes vor, und die Gruppe bildet ein Orchester mit Geräuschen: tobendes Meer, schnarchende Mannschaft, Glocke, heulender Wind, stöhnende Gespenster, schreibender Koch. Wenn die Textstelle gelesen wird, setzen die Geräusche ein. Dabei wird eine Lesepause gemacht. Die Geräusche können auch zum Rollenspiel gemacht werden.

Deutscher Text

Die deutsche Fassung finden Sie auf der CD „Wolfgang Hering / Bernd Meyerholz: Komm, wir spielen“ (Fidula-Verlag).

Seegespenster

Text / Musik: Bernhard Hering / Wolfgang E. Hering / Bernd Meyerholz © Fidula-Verlag Boppard / Rhein

1. Ein Schiff fährt übers weite Meer.
   Es ist gleich Mitternacht.
   An Bord, da schlafen alle schon.
   Ein Mann nur hält die Wacht.
   Als grad die Borduhr zwölf mal schlägt,
   der Wind pfeift übers Deck.
   Da schwirrt was um das Schiff herum.
   Die Wache kriegt ’nen Schreck.

   Refrain:
   Es klopft: tock, tock, tock,
   tock, tock, tock, tock
   und zischt: schschschsch,
   und plötzlich macht es: „Uaaaah“
   Und suchst du die Gespenster,
   sind sie alle nicht mehr da.

2. Die Köchin schlummert tief und fest
   und träumt gerad so nett.
   Ein Seegespenst, das schleicht heran
   und schlüpft zu ihr ins Bett.
   Die Köchin schreit und läuft davon
   und wird im Schiff gejagt
   bis zum Rettungsboot, wo sie
   nicht mehr zu atmen wagt.

3. Die Mannschaft und der Kapitän,
   sie werden alle wach.
   Es quietscht und knistert überall.
   Was für’n Höllenkrach!
   Das Schiff fängt nun zu wackeln an.
   Die Leute wirbeln rum.
   Die Seegespenster allesamt,
   die lachen sich halbkrumm.

4. Der Kapitän an Bord, der schreit:
   „Es ist jetzt alles aus.“
   Er schickt noch einen Hilferuf
   per Funk aufs Meer hinaus.
   Da schlägt die große Borduhr eins.
   Ganz plötzlich wird es still,
   und keinen gibt’s, der noch einmal
   den Spuk erleben will.

   Schluss:
   Es macht: „Blub, blub, blub,
   blub, blub, blub“,
   und zischt: „Sch-sch-sch-sch.“
   Noch einmal brüllt es: „Uaaaah.“
   Und suchst du die Gespenster,
   sind sie alle nicht mehr da.

6. Engine number nine – Unterwegs in Stadt und Land

Engine Number Nine

Nr. 2-15

Words: Wolfgang E. Hering / Bernd Meyerholz, translation: Brigitte Schanz-Hering – music: Wolfgang E. Hering / Bernd Meyerholz

1. Engine, engine Number Nine
   Going down Chicago Line.
   If the train goes off the track,
   I want my money back.

2. Train starts off, train starts off.
   Train moves out and coaches, too.
   Train starts off, train moves out
   And coaches, too.

3. Round the bend, round the bend,
   Train is rattling through the land.
   Coming round the bend,
   coming round the bend,
   Rattling through the land.

4. Through the tunnel, through the tunnel,
   Going slowly through the tunnel.
   Everything is very dark,
   Everything is dark.

5. Slowly, slowly goes the train,
   Train goes slowly through the rain,
   Through the rain, through the rain,
   Slowly goes the train.

6. Bridge comes up, bridge comes up,
   Whistle and blow, a bridge comes up.
   Train goes straight under the bridge,
   Under the highway bridge.

7. Train goes fast, train goes fast,
   Fast train goes so very fast,
   Going hundreds miles, more
   than hundred miles,
   A hundred miles an hour.

8. Station comes, station comes,
   Train slows down, the station comes.
   Wheels stand still, wheels stand still,
   All the wheels stand still.

Wortschatz

engine: Lokomotive
track: Gleis
coach: (hier) Eisenbahnwagen
bend: Kurve
to rattle: *rattern*, klappern

Spielltipps

Die Kinder stellen die Eisenbahn dar. In der ersten Strophe stehen alle hintereinander in einer Reihe. In der zweiten Strophe setzt sich der Zug in Bewegung. Bei *Round the bend* geht die Schlange in die Schräglage. Die ersten sechs oder acht Kinder der Schlange bilden in der dritten Strophe einen Tunnel und hängen sich am Ende der Strophe, wenn alle durchgegangen sind, wieder hinten an. Dann fährt der Zug als Bummelzug weiter. Die beiden ersten Kinder stellen in der sechsten Strophe eine Brücke dar. Jeder, der unter der Brücke hindurchgeht, muss vorher pfeifen. In der 7. Strophe wird es dann ganz schnell und in Strophe 8, in der der Zug in den Bahnhof einläuft, wieder langsam. Wenn der Zug endlich steht, zischen alle laut.

Deutscher Text

Die deutsche Fassung finden Sie auf der CD „Wolfgang Hering / Bernd Meyerholz: Komm, wir spielen" (Fidula-Verlag).

Eisenbahn

Text / Musik: Wolfgang Hering / Bernd Meyerholz © Fidula-Verlag Boppard / Rhein

1. Eisenbahn, Eisenbahn,
vorwärts fährt die Eisenbahn.
Übers Land, übers Land,
übers weite Land.

2. Wagen dran, Wagen dran,
hängt noch ein paar Wagen dran.
Macht die Türen zu! Macht die Türen zu!
Türen lieber zu.

3. Brücke kommt, Brücke kommt.
Achtung eine Brücke kommt.
Unten durch! Unten durch!
Wir fahr'n unten durch.

4. Bummelzug, Bummelzug,
wir fahr'n mit dem Bummelzug.
Langsam geht's! Langsam geht's!
Langsam geht's voran.

5. Tunnel kommt, Tunnel kommt,
Achtung jetzt, ein Tunnel kommt.
Unten durch! Unten durch!
Wir fahr'n unten durch.

6. Kurve fahr'n, Kurve fahr'n,
ganz schräg in die Kurve fahr'n.
Kurve fahrn! Kurve fahr'n
mit der Eisenbahn.

7. Schneller fahr'n, schneller fahr'n,
schneller fährt die Eisenbahn.
Hundertachzig fahr'n!
Hundertachzig fahr'n
mit der Eisenbahn.

8. Hauptbahnhof, Hauptbahnhof,
der Zug fährt in den Hauptbahnhof.
Bis er steht! Bis er steht!
Bis er endlich steht.

Old brass wagon

Nr. 2-16

Words and music: traditional

1. Circle to the left, the old brass wagon,
   Circle to the left, the old brass wagon,
   Circle to the left, the old brass wagon,
   You're the one, my darling.

2. Circle to the right, the old brass wagon,
   Circle to the right, the old brass wagon,
   Circle to the right, the old brass wagon,
   You're the one, my darling.

3. Girls to the centre, the old
   brass wagon, (3 ×)
   You're the one, my darling.

4. Boys to the centre, the
   old brass wagon, ...

5. Circle to the left, the old brass wagon, ...

6. Circle to the right, the
   old brass wagon, ...

7. Left arm reel, the old brass wagon, ...

8. Right arm reel, the old brass wagon, ...

9. Circle to the left, the old brass wagon, ...

10. Circle to the right, the old brass wagon, ...

11. Left hand star, the old brass wagon, ...

12. Right hand star, the old brass wagon, ...

13. Circle to the left, the old brass wagon, ...

14. Circle to the right, the old brass wagon, ...

Wortschatz

brass: Messing

right/left hand star und *reel* sind Square-Dance-Figuren (s. u.).

Spieltipps

Old brass wagon ist ein Tanzlied mit Figuren aus dem amerikanischen Square Dance. Entweder Sie bilden eine Sing- und eine Tanzgruppe, oder es gibt einige Kinder, die *calls* singen, und beim ersten *the old brass wagon* setzen alle ein. So erreichen Sie eine richtige Square-Dance-Stimmung. Da der Text recht einfach ist, können aber auch alle beim Tanzen die Strophen mitsingen.
Aufstellung: im Kreis, an den Händen gefasst. Wegen der *reel*- und *star*-Figuren sollten Sie für eine möglichst große Anzahl von Tänzerinnen und Tänzern sorgen, am besten durch vier teilbar. Auf jeden Fall muss vor Beginn des Tanzes festgelegt werden, wer diese Figuren zusammen tanzt. Nun kann es losgehen:

1. Circle to the left,
   Der Kreis bewegt sich nach links
2. Circle to the right,
   Der Kreis bewegt sich nach rechts
3. Girls to the centre,
   Alle Mädchen gehen im Rhythmus zur Kreismitte, dabei klatschen die Jungen im Takt mit. Auf "You're the one, my darling" kehren sie wieder an ihren Platz zurück
4. Boys to the centre,
   Wie 3, nur bewegen sich die Jungen
5. Circle to the left,
   Wie 1
6. Circle to the right,
   Wie 2
7. Left arm reel, the old brass wagon, ...
   Die Partner haken sich jeweils mit dem linken Arm unter und hüpfen gegen *den Uhrzeigersinn umeinander herum*
8. Right arm reel, the old brass wagon, ...
   Wie 7, nur mit den rechten Armen und im *Uhzeigersinn*
9. und 10. wie oben
11. Left hand star,
   Möglichst Vierergruppen bilden; die linken Arme in die Mitte strecken, mit der Hand das linke Handgelenk des vor einem stehenden Kindes umfassen, dann kreisen oder hüpfen alle im Rhythmus entgegen dem Uhrzeigersinn
12. Right hand star,
   Wie 11 nur mit der anderen Hand und im *Uhrzeigersinn*
13. und 14. wie oben

The wheels on the bus

Nr. 2-17

Words: adapted with new words by Brigitte Schanz-Hering – music: traditional

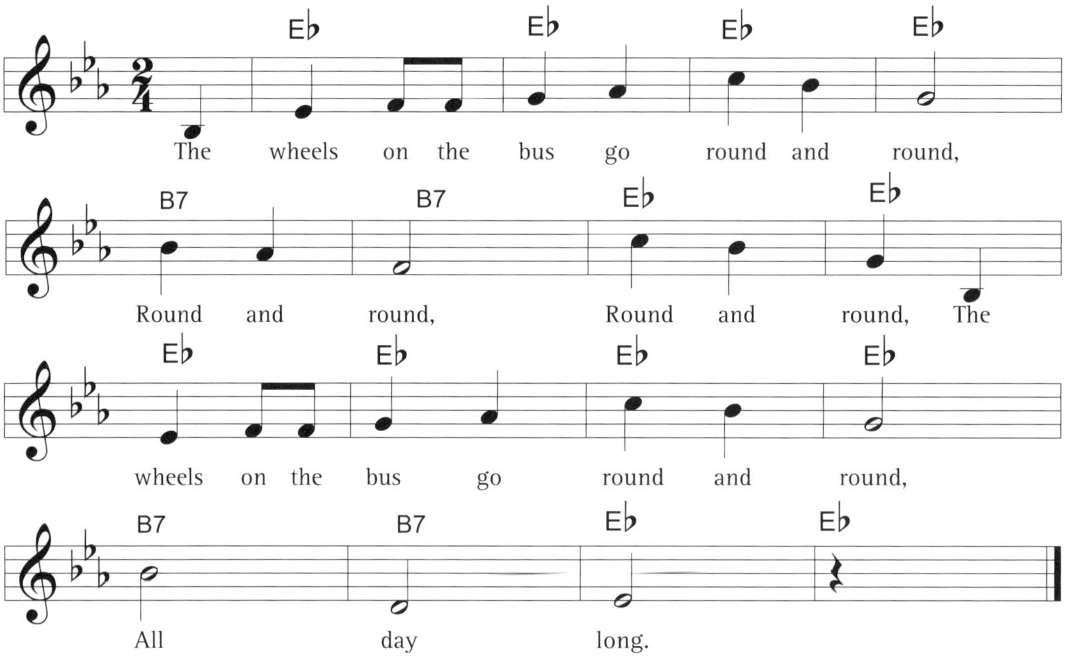

1. The wheels on the bus go
   round and round,
   Round and round,
   Round and round,
   The wheels on the bus go
   round and round,
   All day long.

2. The horn on the bus goes
   beep, beep, beep
   Beep, beep, beep,
   Beep, beep, beep,
   The horn on the bus goes
   beep, beep, beep,
   All day long.

3. The brakes on the bus go
   screech, screech, screech,
   Screech, screech, screech,
   Screech, screech, screech,
   The brakes on the bus go
   screech, screech, screech,
   All day long.

4. The people on the bus go up and down,
   Up and down,
   Up and down,
   The people on the bus go up and down,
   All day long.

5. Repeat verse 1

Wortschatz

brake: Bremse

wipers (pl.): Scheibenwischer

screech: kreischen

Spieltipps

An den entsprechenden Textstellen werden die folgenden Bewegungen ausgeführt:

1. Mit den Armen bei "*round and round*" Drehbewegungen machen
2. Bei "*beep, beeep, beep*" Hupe drücken
3. Handbremse dreimal bei "*screech, screech, screech*" ziehen
4. Bei "*up*" aufstehen und bei "*down*" wieder hinsetzen
5. Siehe 1

Fortgeschrittene

... können neue Strophen schreiben und sich dazu passende Bewegungen ausdenken, Beispiele:

The babies on the bus go wah, wah, wah ...
The engine on the bus goes brrm, brrm, brrm ...
The wipers on the bus go wish, wish, wish ...
The headlights on the bus go flash, flash, flash ...
The radio on the bus goes yeah, yeah, yeah ...
The winker on the bus goes wink, wink, wink ...
The dogs on the bus go woof, woof, woof ...

Deutsche Textübertragung

Die Räder vom Bus

trad / Robert Metcalf

1. Die Räder vom Bus, die roll'n
   dahin, roll'n dahin, roll'n dahin.
   Unterarme drehen sich
   Die Räder vom Bus, die roll'n
   dahin, stundenlang.

2. Die Wischer vom Bus machen
   wisch, wusch, wisch,
   Unterarme senkrecht halten und
   nach links und rechts bewegen
   wisch, wusch, wisch,
   wisch, wusch, wisch.
   Die Wischer vom Bus machen wisch,
   wusch, wisch, stundenlang.

3. Die Hupe vom Bus macht tut, tut, tut ...
   Mit dem Daumen auf eine Hupe drücken

4. Der Fahrer vom Bus sagt:
   „Fahrkarte, bitte!" ...
   Hand aufhalten

5. Die Menschen im Bus
   machen bla, bla, bal ...
   Finger und Daumer beider Hände bilden
   einen auf- und zugehenden Mund

6. Die Kinder im Bus machen
   zu viel Krach ...
   Ohren zuhalten

7. Die Babys im Bus schlafen tief und fest.
   Den Kopf auf die Hände legen;
   langsamer und leiser singen

8. Die Räder vom Bus, die roll'n
   dahin, roll'n dahin, roll'n dahin.
   Die Räder vom Bus, die roll'n dahin,
   Wie 1. Strophe
   stundenlang, *4×, immer schneller*
   Schneller drehen
   stundenlang *4×, immer langsamer.*
   Langsamer drehen und zum
   Stillstand kommen

London Bridge

Nr. 2-18

Words and music: traditional

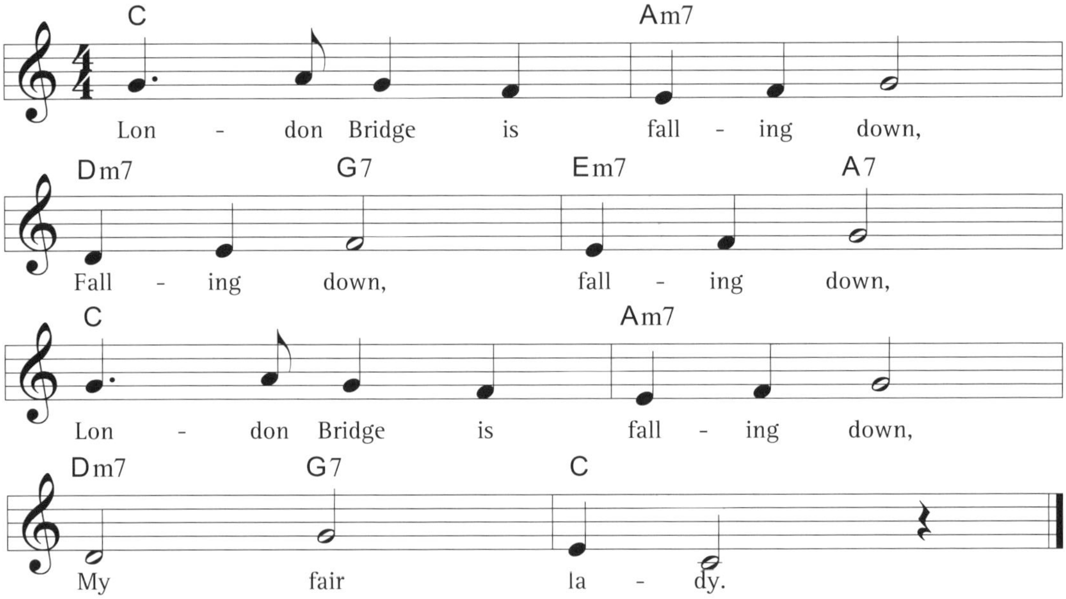

1. London Bridge is falling down,
   Falling down, falling down,
   London Bridge is falling down,
   My fair lady.

2. Build it up with iron bars,
   Iron bars, iron bars,
   Build it up with iron bars,
   My fair lady.

3. Iron bars will bend and break,
   Bend and break, bend and break,
   Iron bars will bend and break,
   My fair lady.

4. Build it up with silver and gold,
   Silver and gold, silver and gold,
   Build it up with silver and gold,
   My fair lady.

5. Silver and gold I have not got,
   Have not got, have not got,
   Silver and gold, I have not got,
   My fair lady.

6. London Bridge is falling down,
   Falling down, falling down,
   London Bridge is falling down,
   My fair lady.

Wortschatz

iron bar: Eisenstange

needles: Nadeln

pins: Stecknadeln

loaf (Pl. loaves): (Laib) Brot, *penny loaves:* waren im Mittelalter Brote, die 1 Penny kosteten

Spieltipps

Diese Spielidee geht bis ins Mittelalter zurück. In vielen Kulturen werden zum Brückenspiel eigene Lieder gesungen. Aufstellung in der englischen Version: Zwei Kinder fassen sich an den Händen, halten diese hoch und bilden so einen Brückenbogen. Sie sprechen sich ab, wer von ihnen “*silver*” und wer “*gold*” ist. Die anderen stellen sich in eine Schlange, die unter der Brücke hindurchgeht. Das Lied wird von der ganzen Gruppe gesungen. Bei “*lady*” in der letzten Zeile geht die „Brücke“ herunter und nimmt das Kind, das sich gerade darunter befindet, gefangen. Die Schlange bleibt stehen. Das gefangene Kind wird von den Brücken-Kindern flüsternd gefragt: “*Do you want to pay with silver or gold?*”. Es antwortet, ebenfalls flüsternd, und je nach Antwort muss es sich hinter dem Kind aufstellen, das “*silver*” oder “*gold*” repräsentiert. Dann wird die zweite Strophe gesungen. Das Lied wird solange wiederholt, bis alle gefangen sind.

Varianten

Statt sich hinter “*gold*” *oder* “*silver*” einzureihen, nimmt das Kind den Platz des Fragers ein.

Statt “*gold or silver*” gibt es andere Zahlungsmittel, z.B. “*pizza or chips*”, “*cake or ice cream*”.

Weitere Texte (die dann abwechselnd von den Brücke-Kindern und denen aus der Schlange gesungen werden) nach der 5. Strophe:

6. *Build it up with needles and pins,*
   Needles and pins, needles and pins,
   Build it up with needles and pins,
   My fair lady.

7. *Needles and pins will rust and bend, ...*

8. *Build it up with penny loaves, ...*

9. *Penny loaves will tumble down, ...*

10. *Here's a prisoner I have got, ...*

11. *What's the prisoner done to you? ...*

12. *Stole my watch and broke my chain, ...*

13. *What'll you take to set him free, ...*

14. *One hundred pounds to set him free, ...*

15. *One hundred pounds we have not got, ...*

16. *Then off to prison he must go, ...*

17. *Take the key and lock him up, ...*

To stop the train

Nr. 2-19

Words and music: traditional

To stop the train
In cases of emergency
Just pull down the chain,
Pull down the chain,
Penalty for improper use,
Five pounds.

Wortschatz
in cases of emergency: in Notfällen
penalty: Strafe (im Sport Strafstoß)
improper: falsch

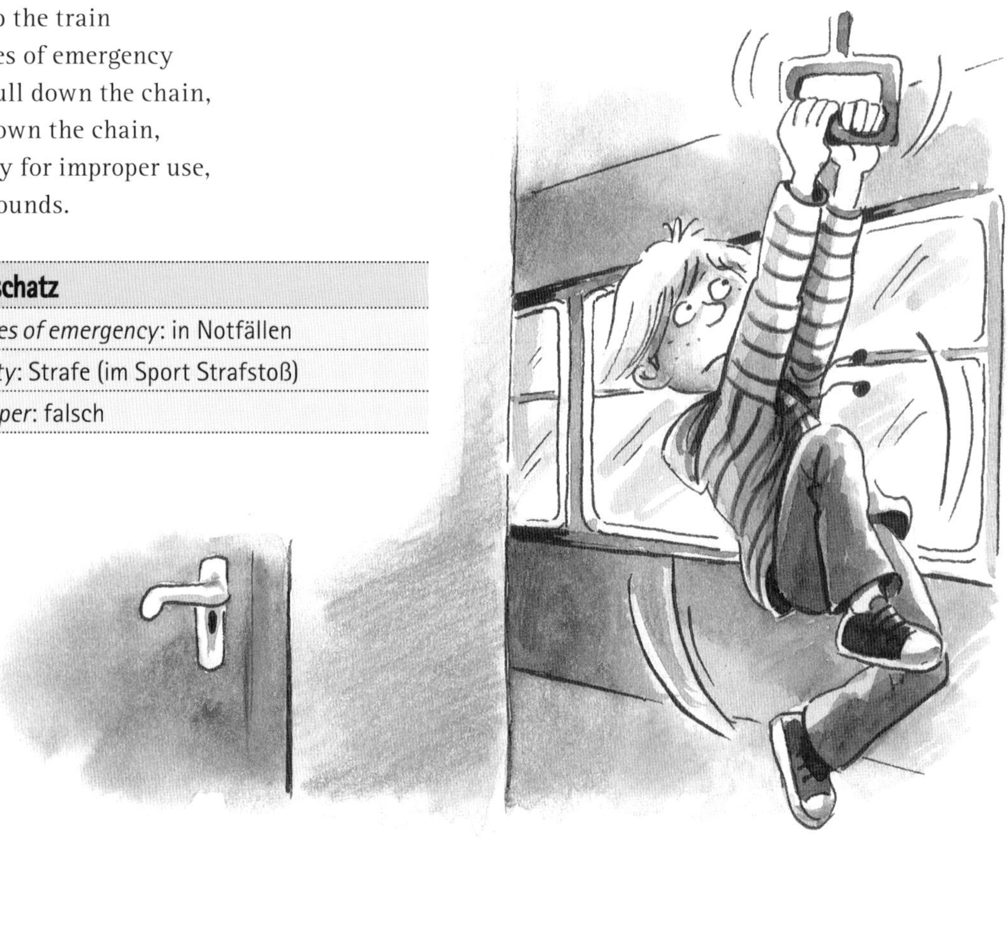

Spieltipps

Der Text des Liedes bezieht sich auf ein mittlerweile veraltetes Hinweisschild in britischen Zügen. Zum Text werden Bewegungen ausgeführt:

To stop
Abwehrende Geste mit beiden Händen; Handflächen zeigen nach vorne
the train
Arme parallel, Hände zur Faust, nacheinander Drehbewegungen machen
In cases of emergency
Blinklichter imitieren: beide Hände mehrmals gleichzeitig öffnen und schließen
Just pull down the chain,
Imaginäre Notbremse mit der rechten Hand ziehen
Pull down the chain,
Bewegung wiederholen
Penalty for improper use,
Mit dem Zeigefinder drohen
Five
Alle Finger der rechten Hand hochhalten
pounds.
Hand aufhalten

Variante

Einzelne Teile des Textes werden nacheinander weggelassen, die oben beschriebenen Bewegungen weiter ausgeführt. Das Lied wird dazu insgesamt neunmal gesungen. Dabei schließt sich jeder Durchgang direkt an den vorherigen an. Beim neunten Mal werden alle Bewegungen stumm ausgeführt.

1. Durchgang: vollständig singen ohne Bewegungen
2. Durchgang: *to stop* entfällt und wird durch die Bewegung ersetzt
3. Durchgang: *to stop* und *the train* entfallen und werden durch die Bewegungen ersetzt
4. Durchgang: *to stop, the train* und *in cases of emergency* entfallen und werden durch Bewegungen ersetzt
5. Durchgang: *to stop, the train, in cases of emergency* und das erste *pull down the chain* entfallen und werden durch Bewegungen ersetzt
6. Durchgang: *to stop, the train, in cases of emergency, pull down the chain, pull down the chain entfallen* und werden durch Bewegungen ersetzt
7. Durchgang: *to stop, the train, in cases of emergency, pull down the chain, pull down the chain* und *penalty for improper use* entfallen und werden durch Bewegungen ersetzt
8. Durchgang: *to stop, the train, in cases of emergency, pull down the chain, pull down the chain, penalty for improper use* und *five* entfallen und werden durch Bewegungen ersetzt
9. Durchgang: *to stop, the train, in cases of emergency, pull down the chain, pull down the chain penalty for improper use, five* und *pounds* entfallen und werden durch Bewegungen ersetzt. Genießen Sie die Ruhe!

Circus in the park tonight

Nr. 2-20

Words: W. E. Hering / Bernd Meyerholz, translation: Brigitte Schanz-Hering – music: traditional

Chorus:
Circus in the park tonight,
Oh what a fantastic sight!
Animals parading,
What a rumpus, what a din!

1. The ringmaster, Colonel Bing,
Comes into the ring;
First he says to all hello,
Then he bows down very low,
Everybody claps their hands. 2×

2. And we all shout and cheer
When the elephants appear.
Colonel Bing has trained the well.
See them hold each other's tail.
Everybody stamps their feet. 2×

3. Now the fleas have their show,
Watch them jump, watch them go,
Watch them doing exercises,
Disappearing down my trousers.
Everybody scratches, too. 2×

4. And the juggler if he wishes
Can juggle with twelve dishes.
If one falls upon his head,
He will fall down very dead.
Everybody wipes their eyes. 2×

5. See the lions in a rage,
They go running round their cage.
Their poor trainer Mr Skinner
Thinks he's going to be their dinner.
Everybody licks their lips. 2×

6. And the clown is looking glum,
'cause he's fallen on his bum.
He gets up, adjusts his nose
And down again he goes.
Everybody laughs like mad. 2×

Wortschatz

sight: Anblick
rumpus: Krach, Krawall
din: Lärm, Tumult
ringmaster: Zirkusdirektor
to scratch: kratzen
juggler: Jongleur
dish: hier Teller
to wipe: wischen
glum: mürrisch
bum: Hinterteil
to adjust: zurechtrücken

Spieltipps

Im Anfangsunterricht empfiehlt es sich, die Begleit-CD zu benutzen. Die Wiederholung der beiden Refrain-Zeilen wird von allen mitgesungen, ebenso die Aufforderungen nach jeder Strophe: *Everybody claps their hands, stamps their feet, etc.* Dabei werden bei der Wiederholung der Aufforderungen und dem nachfolgenden Refrain die genannten Tätigkeiten ausgeführt. In fortgeschrittenen Lerngruppen können auch die Strophen von allen gesungen werden. Ebenso ist es möglich, die einzelnen Strophen auf kleinere Gruppen zu verteilen.
Die Kinder werden aufgeteilt: in eine Zuschauergruppe, die im Kreis (um die Manege) sitzt und Tätigkeiten wie oben beschrieben ausführt. Und in die Gruppe der Zirkusmitglieder: Zirkusdirektor Colonel Bing, Elefanten, Flöhe, Jongleur, Löwen und ihr Dompteur, Clown Mr Skinner. Mit den entsprechenden Kostümen ein beeindruckender Beitrag fürs nächste Kita- oder Schulfest. Viel Spaß dabei!

Deutscher Text

Die deutsche Fassung finden Sie auf der CD „Wolfgang Hering / Bernd Meyerholz: „Komm, wir spielen“ (Fidula-Verlag).

Zirkus auf dem Schlossplatz

Text: Wolfgang Hering / Bernd Meyerholz – Musik: traditionell © Fidula-Verlag Boppard / Rhein

Refrain:
Zirkus auf dem Schlossplatz,
Mann, da ist der Teufel los.
Tiere und Artisten,
Kinder, ist der Rummel groß.

1. Der Direktor Otto Fein
kommt zur Tür herein.
Erst begrüßt er jedermann
und klatscht in die Hände dann.
Ja, da klatschen alle mit.
Ja, da klatschen alle mit.

2. Erst ein Tusch und dann Applaus,
Elefanten kommen raus,
vom Direktor selbst dressiert.
Schau, wie jeder gleich marschiert.
Ja, da stampfen alle mit. 2×

3. Schau, die Tänzerin, sie geht,
auf dem Seil und da, sie dreht
sich ganz oben in dem Zelt,
dass sie nur nicht runterfällt!
Alle schauen zu ihr hoch. 2×

4. Flöhe hüpfen jetzt herein,
alle sind sie klitzeklein.
Und die Flöhe, gar nicht dumm,
rennen los ins Publikum.
Ja, da kratzen alle sich. 2×

5. Bruno heißt der braune Bär,
und er latscht im Kreis umher.
Dabei wird ihm ganz schön heiß,
und er wischt sich ab den Schweiß.
Ja, da schwitzen alle mit. 2×

6. Unser Clown, der Angelo
Fällt auf seinen, dicken Po,
doch er steht gleich, eins, zwei, drei
wieder auf und pfeift dabei.
Ja, da pfeifen alle mit. 2×

Weitere Strophen:
Und der Tiger schleicht herein,
der Dompteur gleich hinterdrein.
Ja, das ist der starke Paul,
steckt den Kopf ins Tigermaul.
Ja, da staunen alle mit. 2×

Und die Pferde kommen jetzt
im Galopp hereingewetzt.
überspringen ohne Schiss
gleich ein großes Hindernis.
Ja, da reiten alle mit. 2×

Schau den Feuerschlucker an,
was der Feuer spucken kann.
Hat den Mund weit aufgemacht,
isst das Feuer auf und lacht.
Ja, da mampfen alle mit. 2×

Und der Löwe Leopold
hört ihr, wie er brüllt und grollt.
Er springt aus dem Käfig raus
und die Vorstellung ist aus.
Ja, da klatscht das Publikum. 2×

Anhang

Literatur

Beall, Pamela & Nipp, Susan: Wee sing and play, Price Stern Sloan, New York 2006

Beall, Pamela & Nipp, Susan: Children Songs and Fingerplays, Price Stern Sloan, New York 2005

Beall, Pamela Conn / Nipp, Susan Hagen: Wee Sing – Around the World, Price Stern Sloan, New York 2006

Beck, Ian & King, Karen: Oranges and Lemons – singing and dancing games, Oxford University Press, Oxford 1985

Betts, Jan: Knock at the door – Favourite songs and rhymes, Ward Lock, London 1980

Brown, Marc: Hand Rhymes, Picture Lions, London 1987

Bumblebee – Songs, Rhymes and Poems, authentische Lieder, Reime und Gedichte, Schroedel, Braunschweig 2008

Campbell, Patricia Shehan/McCullough-Brabson, Ellen: Roots Branches, A legacy of Multicultural Music for Children, World Music Press 1994

Cole, Joanna & Calmenson, Stephanie: The Eentsy, Weentsy Spider, Fingerplays and Action Rhymes, Mulberry, New York 1991

Defty, Jeff: Creative Fingerplays & Action Rhymes, The Oryx Press, Phoenix, Arizona 1992

Galloway, Katherine: Singlish, Englisch durch Kinderlieder, Tl.1, Klett Stuttgart 1992

Glazer, Tom: Eye Winker Tom Tinker Chin Chopper – Fifty Musical Fingerplays, Doubleday & Company, New York 1973

Harrop, Beatrice; Friend, Linda; Gadsby, David: Okki-tokki-unga – Action songs for children, A & C Black, Ltd., London 1994

Higgins, John/Shank, Brad: More Music of our World, 2005

Moser, Franz, Binder, Vera, Walla, Brigitte: Learn English – just sing, Cornelsen. Berlin 1999

MacGregor, Helen: Tam tam tambalay – and other Songs around the World, London 2007

Pearson, Derek: Up, up and away, Oxford University Press, Oxford 1987

Roberts, Linda: Mitt Magic – Fingerplays for Finger Puppets, Gryphon House, 1985

Schanz-Hering, Brigitte: Around the Year, Klett, Stuttgart 1992

Schanz-Hering, Brigitte: Englische Bewegungshits, Ökotopia, Münster 2004

Sing a Rainbow, CYP Ltd, Essex 2007

Stetson, Emily & Congdon, Vicky: Little Hands, Fingerplays and Action Songs, Williamson, Charlotte, Vermont 1991

Totline Staff: 1001 Rhymes & Fingerplays, Totline Publications, Torrance California 1994

Williams, Sarah & Ian Beck: Round and Round the Garden – play rhymes for young children, Oxford University Press, Oxford 1983

Autorin und Illustratorin

Brigitte Schanz-Hering ist verheiratet und hat zwei Kinder. Sie arbeitet seit 1979 als Englischlehrerin an verschiedenen Schulformen, als Kursleiterin in der Lehrerfortbildung und in der Sprachförderung von Kindergruppen. Die Autorin hat mehrere Bücher (teilweise in englischer Sprache), Liedersammlungen, MCs und CDs bei verschiedenen deutschen Schulbuchverlagen veröffentlicht (Schwerpunkt: Anfangsunterricht Englisch), bei Lehrbüchern mitgearbeitet und Artikel in Fachzeitschriften für den Fremdsprachenunterricht (Schwerpunkt: offenes und spielerisches Lernen) verfasst. Sie kommt gern zu Vorträgen und Fortbildungen, Kontaktadresse: schanzhering@aol.com

Kasia Sander, geboren in Gdynia (Polen), Studium an der Kunstakademie Gdansk (Danzig), 1986 Übersiedlung nach Deutschland und Grafik-Design-Studium in Münster. Freiberufliche Buchillustratorin für Schul- und Kinderbuchverlage, Karikaturistin und Comiczeichnerin für Tageszeitungen sowie Designerin in der Modebranche. Teilnahme an mehreren Ausstellungen mit den Schwerpunkten Grafik, Zeichnung und Karikatur.

Workshop- und Konzertangebote von Wolfgang Hering und Robert Metcalf

Wolfgang Hering, Diplom-Pädagoge und Musiker, hat die Doppel-CD produziert. Er ist freiberuflich im musik- und sozialpädagogischen Bereich tätig und Mitglied der bekannten Musikgruppe „Trio KUNTERBUNT". Solokonzerte mit verschiedenen Bühnenprogrammen, Dozent an Fortbildungseinrichtungen, Referententätigkeit und Fachberatung/Fortbildung im In- und Ausland u.a. für Kindergärten, Familienbildung, Kinderturnen, Tageseltern, Musikgarten. Beliebt sind auch Kombinationen aus thematisch orientierten Workshops und Konzert. Viele seiner Bücher und CDs sind im Ökotopia Verlag erschienen.
Kontakt: www.wolfganghering.de

Robert Metcalf, Sänger vieler Stücke aus diesem Buch, ist freiberuflicher Liedermacher mit dem Schwerpunkt Lieder für Kinder. Der gebürtige Engländer lebt seit 1973 in Berlin, hat mehrere Tonträger mit Kinderliedern veröffentlicht und ist u.a. regelmäßiger Gast in der „Sendung mit dem Elefanten" (Kinderkanal). Mit eigenen und mit traditionellen Songs bietet er zum Thema Frühenglisch Fortbildungen und Workshops für ErzieherInnen und LehrerInnen an.
Kontakt: www.robertmetcalf.de

1. KONZERTE MIT ENGLISCHEN LIEDERN
Insbesondere für die Grundschule können Stücke aus diesem Buch in einem Konzert vorgestellt werden. Einzelne Stücke werden auf Wunsch entweder in Deutsch und in Englisch oder nur in Englisch gesungen. Die Kinder sind immer einbezogen und können leicht die Bewegungsaufforderungen mitmachen.

2. WORKSHOPS & FORTBILDUNGEN
Unter verschiedenen Themen bieten Robert Metcalf und Wolfgang Hering für LehrerInnen, ErzieherInnen und andere Interessierte Fortbildungen und Workshops an, z.B.
- Englische Sprechstücke und Songs zum Mitmachen
- Bewegungslieder und Musikspiele
- Rhythmische Spielideen, Geschichten zum Mitmachen, Bewegungsgedichte und Fingerspiele
- Klatsch- und Klanggeschichten mit und ohne Instrumente

3. KONZERTE FÜR KINDER AB 4 JAHREN

„Kinderlieder zum Einsteigen und Abfahren“ bringt Wolfgang Hering vom Trio KUNTERBUNT in seinem Solokonzert. Im Gepäck hat er lauter Evergreens und beliebte Spiellieder. Das Publikum macht immer wieder begeistert die Spielanregungen mit. Die Kinder nutzen die Gelegenheit, durch Zuruf und auf der Bühne das Konzert mitzugestalten. Ein buntes Mitmachprogramm mit vielen Kinderhits.

4. KONZERTE FÜR KINDER AB 6 JAHREN

Im Mittelpunkt dieses Programms stehen poppige Kinderlieder mit witzigen Texten und vielen Möglichkeiten zum Mitmachen für Kinder im Grundschulalter. Meist gibt es zwei Konzertangebote: einmal für 1./2. Schuljahr und dann für das 3. und 4. Schuljahr.

5. WOLFGANG HERING & ENSEMBLE

Wolfgang Hering tritt auch mit verschiedenen Begleitmusikern auf, z. B. mit einem Bläsersatz Trompete, Posaune und Saxofon. Verschiedene Besetzungen sind möglich, je nach Aufwand und Größenordnung der Veranstaltung. In der Vorweihnachtszeit gibt es das Programm: „Auf die Plätzchen, fertig, los“.

6. SEMINAR- UND WORKSHOPANGEBOTE FÜR DIE ÄLTEREN

Im Rahmen z.B. von Ferienspielaktionen oder Freizeiten, bzw. Klassenstufen an weiterführenden Schulen können Projektangebote im spiel- und musikpädagogischen Bereich für Ältere abgesprochen werden.

Die CDs

CD 1		
Track	Titel	Zeiten
1-1.	You gotta sing	2:59
1-2.	If you're happy	2:07
1-3.	Where is Thumbkin?	2:19
1-4.	Reach for the sky	2:35
1-5.	Hickory, dickory dock	2:20
1-6.	One finger, one thumb	2:20
1-7.	Pick a bale of cotton	3:06
1-8.	Alphabet Rap	2:54
1-9.	This old man	2:56
1-10.	Long-legged sailor	2:53
1-11.	Jimmy crack corn	1:49
1-12.	She'll be coming round the mountain	4:13
1-13.	Mr. Weatherman	3:15
1-14.	Job song	3:09
1-15.	One elephant, one fine day	2:37
1-16.	A kangaroo went hop-ping	0:57
1-17.	Grizzly bear	2:10
1-18.	The bear	3:10
1-19.	Frog went a-courtin'	3:50
1-20.	Wiggley Woo	1:59
1-21.	Incey wincey spider	1:20
Gesamtlänge CD 1		55:07 Min.

CD 2		
Track	Titel	Zeiten
2-1.	The farmer in the dell	2:54
2-2.	Bingo	2:16
2-3.	I had a rooster	2:46
2-4.	I love the flowers	1:22
2-5.	Down by the bay	1:59
2-6.	Lazing in the summer sun	1:43
2-7.	In winter	2:31
2-8.	Oats and beans	1:00
2-9.	The rattlin' bog	2:49
2-10.	To-do at the zoo	3:04
2-11.	My hat, it has three corners	1:55
2-12.	Muscles	4:01
2-13.	Bank of America	1:16
2-14.	The ghosts of the sea	2:37
2-15.	Engine Number Nine	3:15
2-16.	Old brass wagon	2:37
2-17.	The wheels on the bus	1:06
2-18.	London Bridge	1:44
2-19.	To stop the train	1:12
2-20.	Circus in the park to-night	4:24
Gesamtlänge CD 2		46:44 Min.

Register

Die Lieder sind zunächst nach den englischen Titeln, dann nach den Titeln der deutschen Textübertragungen alphabetisch geordnet. Bei den bestimmten Artikeln „der, die das“ bzw. „the“ werden sie jeweils nach dem folgenden Wort eingeordnet.

Englische Liedanfänge

Deutsche Liedanfänge

Gitarrengriffe

Hier finden Sie alle Gitarrengriffe aus dem Buch. Der offene Kreis bedeutet eine Leersaite. Saiten ohne Kreis oder Punkt sollten nicht angeschlagen werden. Wir haben die deutschen Akkordbezeichnungen verwendet: H entspricht dem internationalen B; unser B dem Bb (gesprochen „Bi flät“).

C-Dur

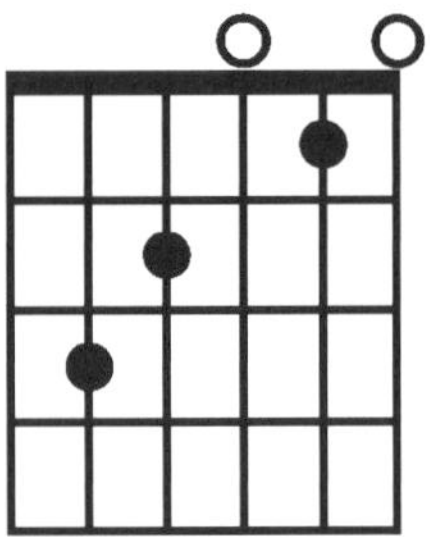

C 7

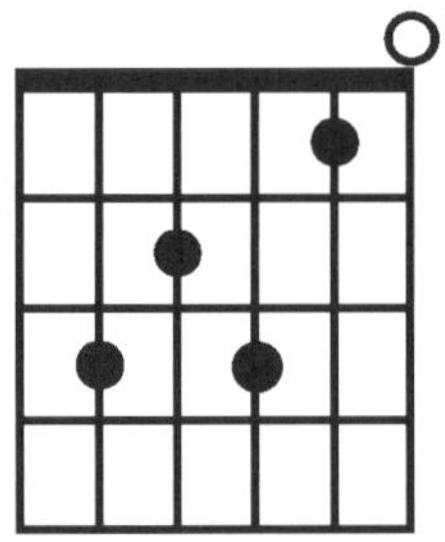

D-Dur

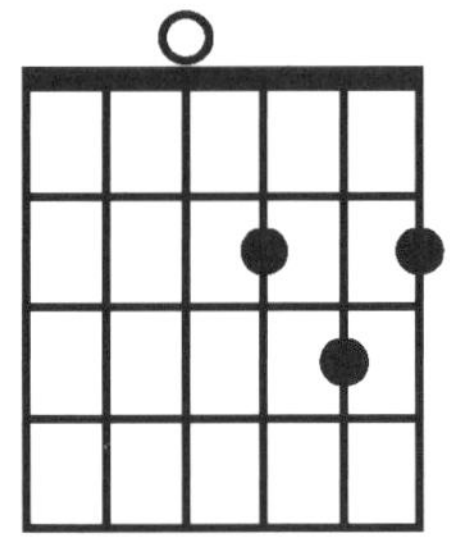

D 7

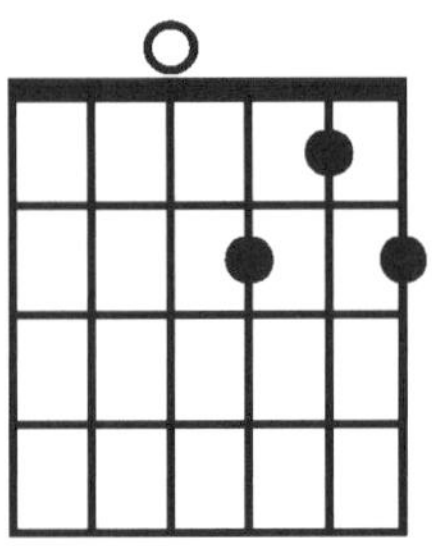

Dm

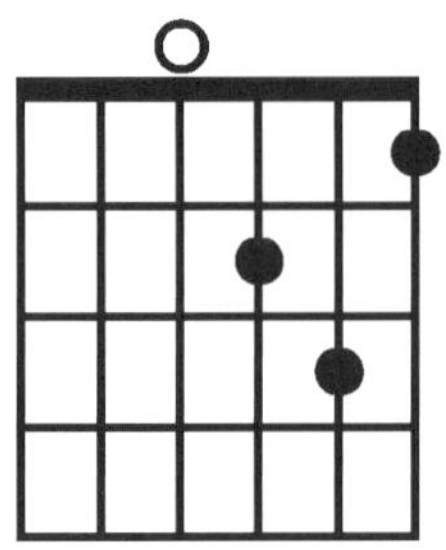

Dm 7

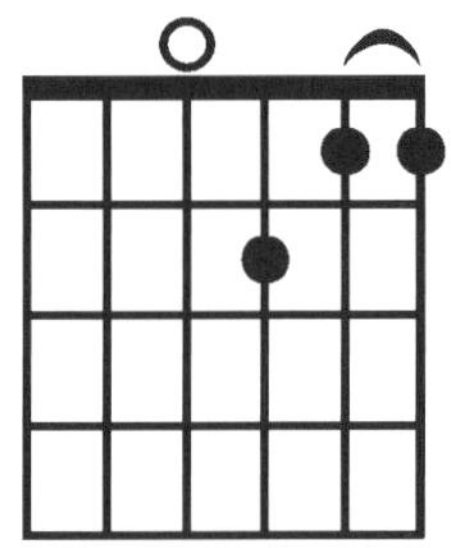

E-Dur

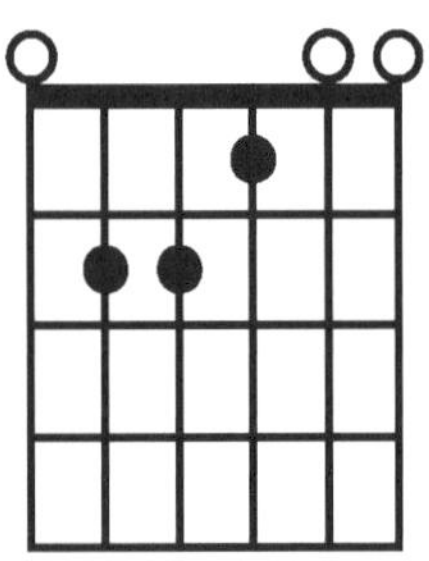

E 7

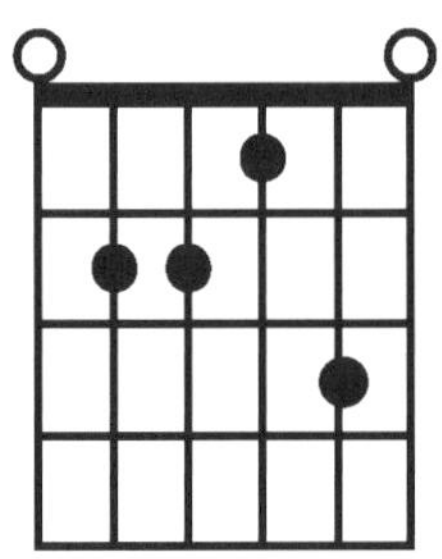

Em

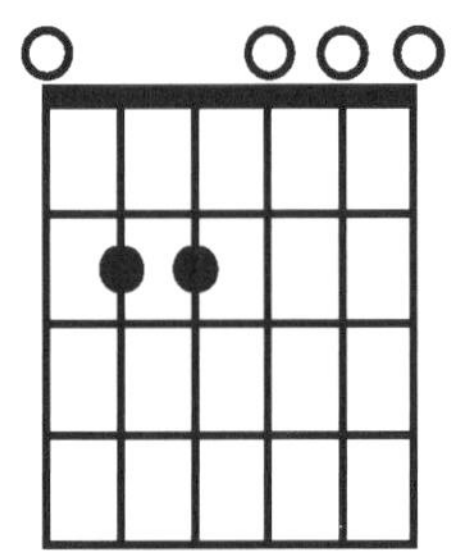

Em 7

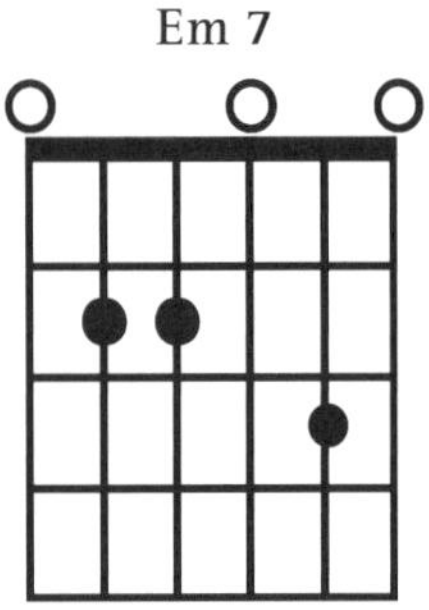

F-Dur

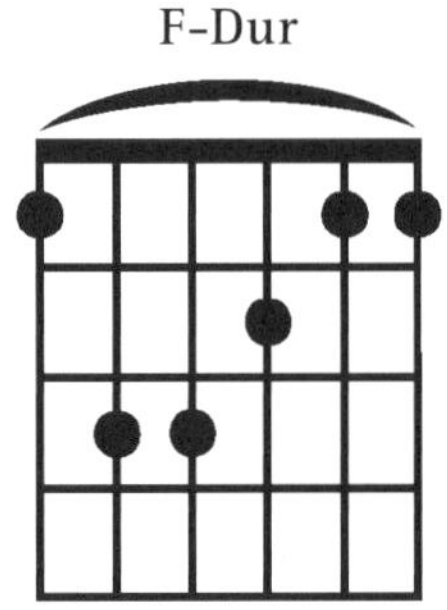

Fis 7

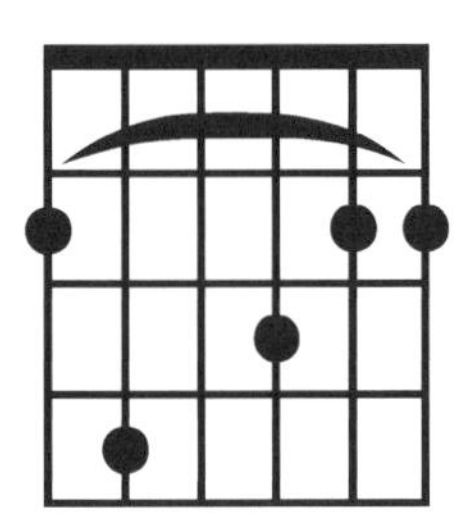

F#m

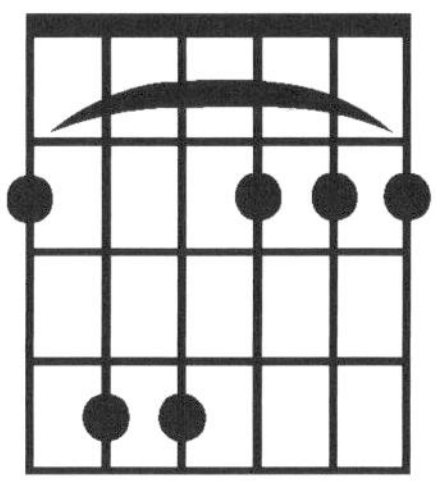

G-Dur

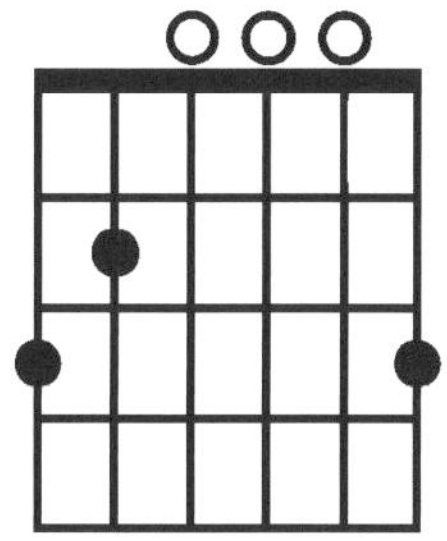

G 7

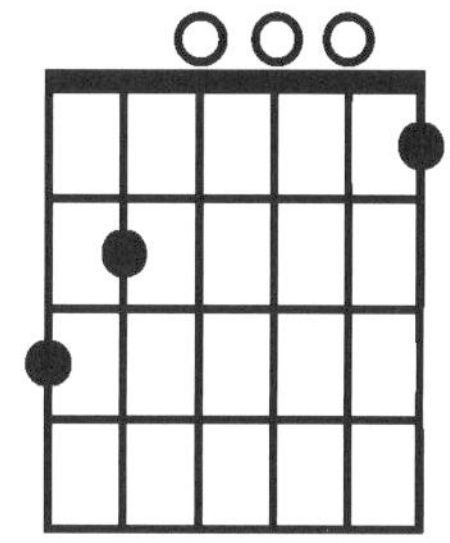

Gm

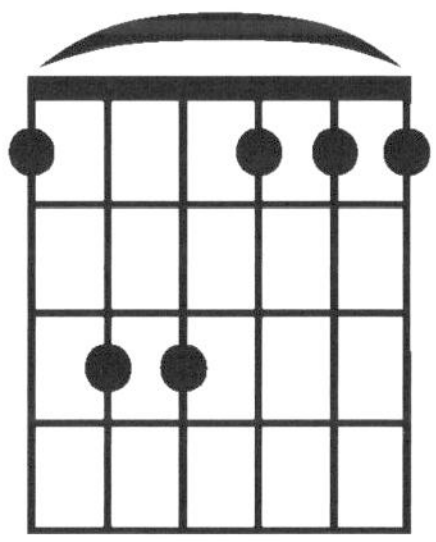

3. Bund

A-Dur

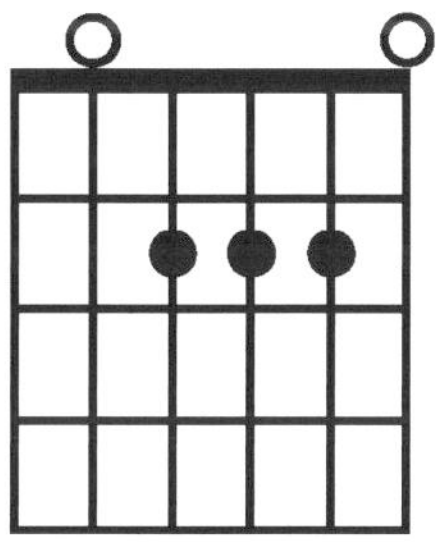

A 7

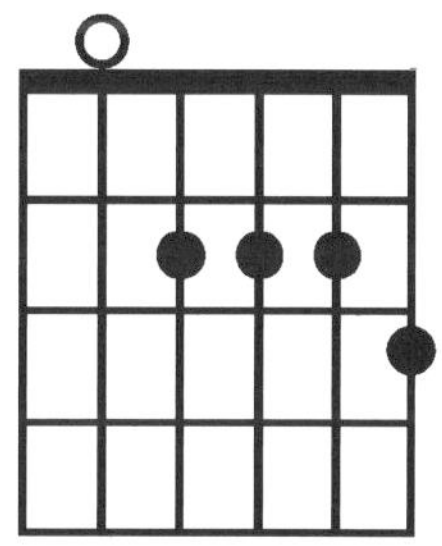

A sus 4

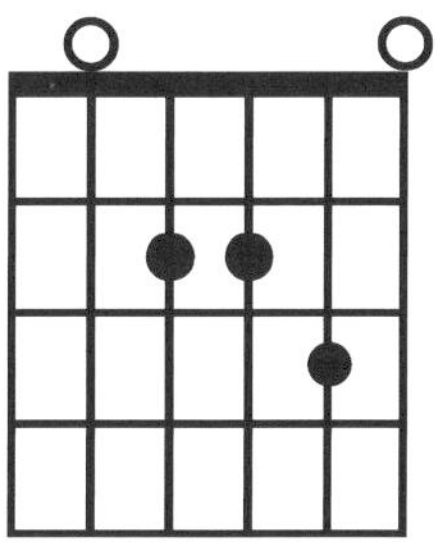

Am

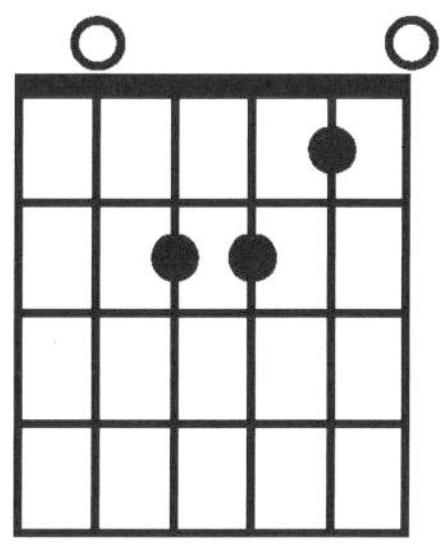

Am 7

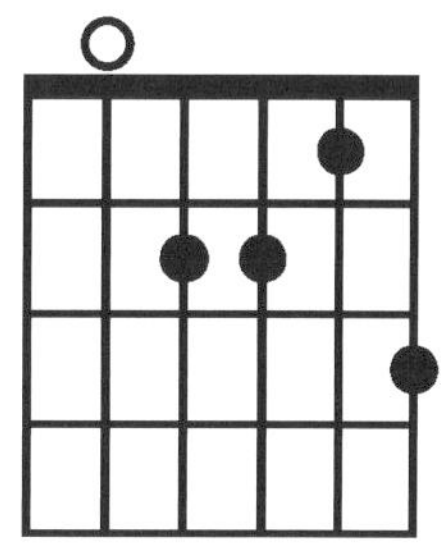

B-Dur

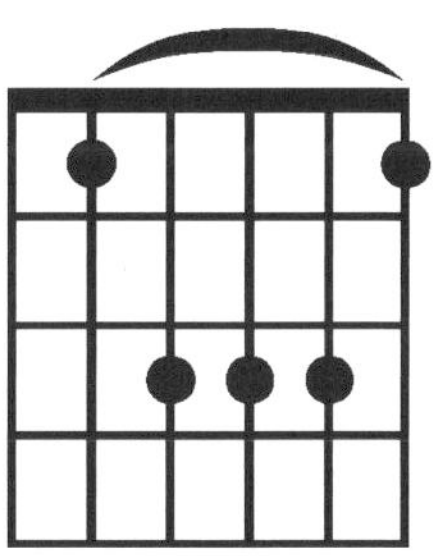

B 7

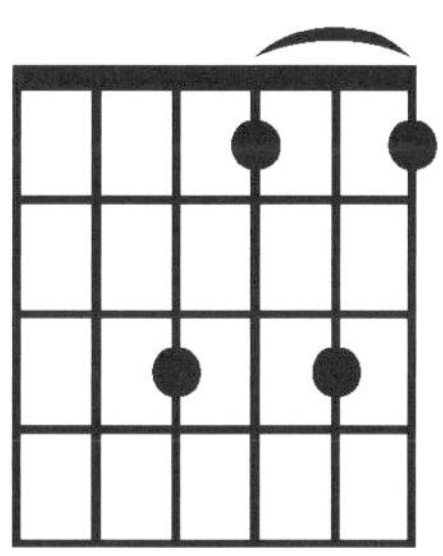

H 7

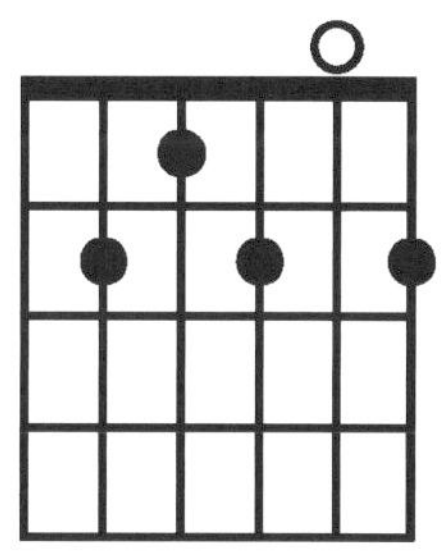

Hm

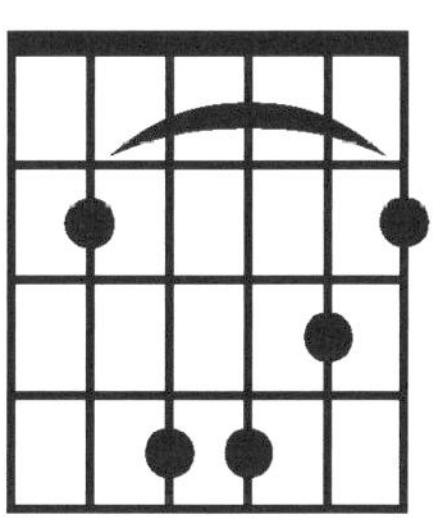